바다에서 발굴한 고려사

금요일엔
역사책
2

바다에서 발굴한 고려사

·

문경호 지음

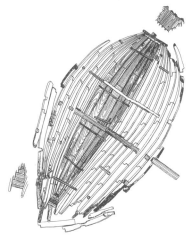

한국역사연구회
역사선

푸른역사

○

머
리
말

처음 본 사람들이 어떤 연구를 하냐고 물어오면 먼저 심호흡을 하게 된다. 내 전공인 조운을 소개하려면 조세, 조창, 조운선, 해로 등 어려운 용어들을 줄줄이 설명해야 하기 때문이다. 조세 운송이나 고선박, 바닷길을 연구한다고 좀 쉽게 풀어 이야기하는 경우도 있지만 그렇게 설명해도 모르기는 마찬가지이다. 특히 학생들은 쌀이나 콩으로 세금을 냈다는 사실 자체를 이해하지 못한다. 어릴 때부터 부모님이 신용카드와 인터넷 뱅킹 이용하는 것을 보고 자랐으니 그럴 만도 하다. 아마도 학생들에게는 '쌀로 세금을 걷어 배에 실어 운송했다'는 말이 '호랑이가 담배를 피던 시절'로 시작되는 옛이야기처럼 미덥지 못하게 들릴지도 모른다.

곡물이 화폐 역할을 하던 시기에 바다와 강은 사람과 물자가 이동하는 중요한 공간이었다. 내륙에서 배에 실려 강을 따라 내려온 물자들은 바다로 나온 후 해안선을 따라 목적지로 향했다. 여행이나 공무로 길을 떠나는 사람들도 배편을 알아보는 것을 가장 중요한 준비라고 여겼다. 따라서 19세기 후반만 해도 강가나 해안가에 배들이 떼를 지어 정박한 모습은 어디에서나 흔히 볼 수 있는 장면이었다. 1894년에 비숍 여사가 한국을 여행하며 찍은 사진에서도 부산포, 제물포, 한강의 마포 일대에 수많은 배가 들어선 모습을 확인할 수 있다. 그중 대부분은 곡식이나 젓갈 등을 나르는 운송선이었지만 비숍처럼 여행하는 사람들을 태우는 선박도 있었다.

그러나 20세기 초부터 철도와 자동차가 그것을 대신하게 되면서 배는 교통수단의 기능을 점차 상실했다. 시골에는 1960년대까지만 해도 나룻배를 타고 강을 건너다니는 일이 있었지만 그나마 다리가 만들어지면서 하나둘 사라졌다. 요즘에는 관광지나 도서 지역을 오가는 여객선을 제외하면 일반인들이 배를 탈 수 있는 기회는 거의 없다.

내가 고선박에 처음 관심을 갖게 된 것은 2006년 겨울 목포에서 신안선을 보고난 후부터였다. 당시 목포 국립해양유물전시관에서는 신안선 발굴 30주년 특별 전시를 하고 있었다. 전시실 곳곳에서 빛나는 청자도 인상적이었지만 썩고 부서져서 절반밖에 남지 않은 거대한 선박은 나의 기억에 매우 강하게 남았다. 배가 가라앉았던 때의 위급함이 시대를 뛰어넘어 생생하게 전달되는 느낌을 받았기 때문이다. 그것은 화려한 도자기에서 느끼는 감동과는 또 다른 것이었다.

한번 관심을 갖게 되니 마치 운명처럼 여러 배를 접할 기회가 생겼다. 2007년에는 태안선이라 불리는 고려청자선이 출수되었고, 2009년에는 태안 마도 1호선이 800년 만에 모습을 드러냈다. 그리고 연이어 태안 마도 2호선과 3호선도 출수되었다. 불과 5~6년 사이에 고려 시대 선박 4척이 700~800년 동안 잠자고 있다가 세상에 나온 것이다. 선박 안에는 화물표에 해당하는 각종 목간을 비롯하여 도자기, 곡물과 같은 적재물, 그리고 숟가락, 젓가락, 빗, 장기알 등 선원들의 일상용품 등이 적재되어 있었다. 오랫동안 봉인되었던 타임캡슐이 예고 없이 한꺼번에 열린 것과 같았다고나 할까.

그런 사실이 전국에 알려지면서 여러 차례 세미나가 열렸다. 그리고 운 좋게도 2011년에는 한국중세사학회 정기 발표회에서 〈태안 마도 1호선의 규모와 성격〉이라는 글을 발표할 기회가 생겼다. 처음에는 배의 구조나 용어조차도 몰랐지만 배를 만드는 장인을 따라다니고, 관련 서적을 읽고, 촌로들과 인터뷰하는 과정에서 어느 정도 지식도 갖게 되었다. 모르는 것을 공부하고, 선박 제조 과정, 해로, 조세 운송 등에 관한 나름의 안목이 생기니 그것을 다른 사람들에게 알려야겠다는 생각이 들었다.

'배워서 남 주나'라는 속담이 있지만 실제로 선생은 자기가 배워서 남에게 주는 사람이다. 그래서 혼자 공부하는 것보다 더 어렵다. 대신 내가 아는 것을 남이 흥미롭게 들어줄 때의 기쁨은 두 배로 크다. 그렇게 하기 위해서는 쉬운 글을 쓰고, 아는 것을 쉽게 설명할 수 있어야 하는데, 그것은 공부하여 깨우치기보다 더 어렵다. 내가 지금까지 공부한 고려 시대의 바다 이야기를 쉽게 써서 독자에게 전달하는 것, 그것이 이 책을 쓰게 된 중요한 이유이다.

나는 무언가를 공부해서 알게 되면 가족들에게 먼저 설명하는 습관이 있다. 어렸을 적에는 틈날 때마다 어머니와 동생에게 재잘거렸다. 결혼 후에는 아내와 아이들 앞에서 이야기를 한다. 더러는 식탁에서, 어떤 때는 차에서 우연을 가장하여 이야기를 꺼내기도 한다. 아내와 아이들이 늘 흥미롭게 들어주는 것은 아니지만 아직까지 그만하라고 끊은 적은 없다. 그런 점에서 가족은 고맙고 미안한 존재이다.

지도교수이신 윤용혁 교수님 내외분도 마찬가지이다. 내가 엉뚱한 이야기를 하고, 맥락 없는 글을 발표해도 두 분은 내가 글을 썼다 하면 늘 '좋은 논문'('조운 논문'의 언어 유희)이라고 칭찬해 주신다. 그런 격려와 배려가 없었더라면 연구자로서 지금의 나는 존재하지 못했을 것이다. 지면을 빌려 가족들과 여러 은사님들께 감사의 말씀을 전한다.

이 글은 바다로부터 얻은 여러 정보에 대한 나름대로의 보은報恩이라는 의미가 있다. 1200년대 초의 어느 봄날, 전라도 해안가에서 청자와 곡물을 싣고 개경으로 떠나던 뱃사람들의 마음은 어땠을까? 배가 가라앉을 때 뱃사람들은 무사히 대피했을까? 개경에서 식량과 반찬거리를 기다리고 있던 사람들은 배가 침몰했다는 소식을 듣고 얼마나 상심했을까? 단순히 바다에서 출수된 유물들을 소개하기보다 그들의 마음을 글에 녹이고 싶었다. 또한 그동안 잘 알려지지 않았거나 잘못 알려진 유물들에 관한 이야기들을 독자들에게 알리고 싶은 욕심도 있었다. 그러나 지면의 한계 때문에 당초의 계획만큼 이야기를 펴지 못한 것 같아 아쉽다.

마지막으로 이만큼이나마 글을 쓸 수 있도록 연구 성과를 공유해 준 국립해양문화재연구소와 책이 나올 수 있도록 배려해 준 '푸른역사'에 감사드린다. 그리고 시리즈를 기획해 준 한국역사연구회에도 감사의 마음을 전한다. 연구와 지원이 뒷받침되지 않았다면 책을 펴내기 어려웠을 것이다. 소중한 인연이 새삼 고맙다.

2023년 봄
문경호

○

프롤로그

마도 1호선 뱃길을 떠나다

나는 천관산 꼭대기에서 27년이나 자란 적송赤松이었다. 소백산
을 넘어온 차가운 바람과 소금기 머금은 끈적한 더위가 내 몸을
연하게, 더러는 굳게 만들었다. 사는 동안 풍파가 없었던 것은 아
니다. 어느 해인가는 장마에 뿌리가 드러난 적도 있고, 습기 먹은
무거운 눈 때문에 가지가 찢긴 적도 있다. 열 살 무렵에는 연경궁
延慶宮의 서까래가 될 뻔하기도 했다. 만약 가뭄 때문에 공사가 중
단되지 않았다면 아마도 나는 썩을 때까지 대궐 지붕을 이고 있었
을 것이다.

내 곁에는 나보다 더 오래 천관산을 지켜온 나무들이 많았다. 산
초입의 검붉은 해송 무리는 곧은 자태를 자랑하며 50년이나 산을
지키고 있었다. 햇볕 잘 드는 물가에는 아름드리 늙은 버드나무가
열 그루도 넘게 서 있었다. 그러나 나무의 운명이란 사람의 그것만

바다에서 발굴한 고려사 ──●

큼이나 알 수가 없었다. 보란 듯 곧게 자란 나무들은 하루아침에 잘려나가 목재가 되고, 또래 친구들에게 놀림 받던 구부러진 나무는 운 좋게도 벌목을 면했다. 굽은 나무가 선산을 지킨다는 말, 공연히 생긴 것이 아니다.

바람에 실려 오는 먼 나라의 소식들도 지루할 만큼 무료한 일상이 거듭되던 어느 날, 관아에서 배 만드는 데 쓸 나무를 찾는다는 소문이 돌았다. 며칠 전부터 톱질 소리와 벌목꾼들의 목도 소리[*]가 산골짜기에 울려 퍼졌다. 제일 먼저 산 초입의 굵은 해송들이 밑동째 잘려서 아래로 굴러 내려갔다. 나보다 아래쪽에 있던 나이든 참나무가 잘려나가고 사흘쯤 지난 날, 머리카락과 수염이 모두 하얗게 센 도목수가 나를 발견하고는 힘겹게 내가 있는 곳으로 올라왔다. 그는 나를 한 바퀴 돌며 올려다보기도 하고, 나무망치로 두드려 보더니 만족스런 미소를 지었다. 곧이어 큰 소리로 젊은 벌목꾼들을 불러서 나를 베게 했다.

27년이나 자란 몸뚱이가 잘리는 데는 반나절도 걸리지 않았다. 나는 우지끈 소리를 내며 언덕 아래로 쓰러졌다. 곧이어 잔가지가 잘려나갔다. 몸체만 남은 나를 벌목꾼 여덟 명이 어깨에 메고 옮겼다. 아련히 들려오는 목도 소리를 따라 나도 바닷가로 옮겨

---

* 산에서 벌목할 때 또는 공사 현장에서 일꾼들이 무거운 돌이나 나무를 옮길 때 부르는 노동요이다. 돌, 나무 등 옮길 것을 줄로 묶은 후에 목과 어깨에 걸고 옮기며 노래를 불렀기 때문에 '목도 소리'라는 이름이 붙었다.

졌다.

두 시간쯤이나 지났을까. 짠 내음이 바람을 타고 몇 개 남지 않은 이파리를 따라 전해져 왔다. 벌목꾼들이 나를 백사장에 내려놓는다. 파도가 슬쩍 밀려 나갔다가 빠르게 돌아온다. 물결 사이로 저 건너편에 나뭇더미가 눈에 들어온다. 나보다 먼저 온 나무들이 모두 바닷가 한 편에 산더미처럼 쌓여 있었다.

목수들의 톱질, 망치질 소리가 바닷가에 여러 날 울려 퍼지는 동안 우리는 각각의 쓰임새에 맞게 다듬어졌다. 보기 좋게 허리가 휜 소나무는 생긴 그대로 배의 이물이 되었다. 일찍 베어온 일곱 그루의 반듯한 해송은 한데 묶여 단단한 저판이 되었다. 겉과 속이 모두 단단한 참나무는 배를 가로지르는 가룡이나 배의 여기저기를 연결하는 나무못이 되었다.

외판으로 다듬어진 소나무들은 각자의 몸에서 송골송골 솟아난 송진을 접착제 삼아 물 한 방울 새어들지 않을 만큼 단단히 달라붙었다. 그래도 불안했는지 목수들은 목재와 목재 사이를 대나무 속을 긁어서 얻은 댓밥과 석회를 개어 꼼꼼히 막았다. 배를 짓는 목수들에게 대대로 전해지는 비법인데, 뱃사람들은 그것을 "뱃밥 먹인다"고 했다.

제일 마지막까지 바닷물에 잠겨 있던 나는 도목수의 대팻날을 따라 둥글고 곧게 다듬어져 돛대가 되었다. 내 밑동은 두 개의 말뚝(구레짝)에 의지하여 곧게 섰고, 몸에는 띠풀을 엮어서 만든 열두 폭 돗자리 돛이 걸쳐졌다. 내 몸 앞뒤로는 나를 고정하는 용총줄이 걸리고, 머리 위에는 돛을 올리고 내리는 용두줄도 걸쳐졌다.

첫 항해에 나섰던 날의 긴장감은 지금도 생생하다. 천관산 아래의 회진 포구를 떠나 울돌목을 간신히 빠져나왔다. 울돌목의 물살이 어찌나 사납던지 우리 배는 파도를 따라 정신없이 흔들렸다. 오죽하면 "검은 머리의 사공도 울돌목을 지나면 머리가 하얗게 센다"는 말이 생겼을까. 진도를 마주 보고 영산강을 거슬러 오른 우리 배는 나주의 해릉창이라는 곳으로 갔다. 나주 일대의 여러 군현에서 실려 온 세미稅米와 각종 물자가 산더미처럼 쌓여 있었다. 수수水手라고 불리는 뱃사람들이 며칠 동안 화물을 져다가 배에 실었다. 나를 포함하여 해릉창에 소속된 여섯 척의 조운선은 각종 화물로 가득 채워졌다.

짐의 종류는 다양했다. 쌀과 콩이 가장 많았지만, 잡곡도 종류별로 있었다. 각종 항아리에 담긴 젓갈도 있었다. 각 화물에는 도착지 또는 개경에서 받는 사람들의 성명, 물건의 종류, 수량 등이 적힌 목간이 붙어 있었다. 곡식은 앞뒤의 화물칸에 실리고, 깨지기 쉬운 청자와 뱃사람들의 식량은 부엌 칸에 실렸다.

한 꾸러미씩 포장된 청자들은 강진의 청자 생산지 대구소大口所(강진군 대구면 사당리 일대)에서 만들어진 것이다. 청자를 사용하는 사람들이 늘어나면서 요즘은 조운선에도 청자를 싣고 오르는 일이 많아졌다. 개경사람 중에는 전세田稅를 대신해서 메주, 옷감, 꿩 등을 요구하는 이들도 있다. 하나 가득 실은 짐 때문에 바닷물이 흘수선(선체가 물에 잠기는 한계선)에 바짝 닿을 만큼 배 바닥이 내려앉았다.

해안선을 따라 개경까지 올라가는 길은 멀고 험했다. 해릉창에서 돛을 올린 후 영산강에 조수가 들기를 기다렸다가 썰물을 따라 하류로 내려갔다. 영산강에는 곳곳에 풀등(모래턱)이 있어 바닷물이 들지 않으면 배가 지나기 어려운 구간이 많았다. 그래서 영산강을 빠져나오는 기간이 더러는 영광에서 개경 가는 만큼 소요되기도 한다. 영산강 하구에서 개경까지 가는 길에도 곳곳에 물살 험한 곳이 있다. 칠산 앞바다, 마량곶, 안흥량, 손돌목은 이름만 들어도 등골이 서늘한 구간이다.

조세를 싣고 개경까지 오가기를 10년, 우리 배도 사공을 따라 나이가 들었다. 2년 전에는 배 바닥이 암초에 걸려 찢어지는 바람에 소나무 저판을 밤나무와 상수리나무로 교체하는 대규모 수리를 받기도 했다. 그래도 다행히 사공이 노련하고 마음이 따뜻해서 우리를 끔찍이 아꼈다. 개경에 다녀온 다음에는 외판의 표면을 태워 바다나무좀이 배에 구멍을 뚫지 못하게 했다. 거센 파도에 외판이 어긋나 조금이라도 틈이 생기면 뱃밥을 만들어 막아주었다. 몇 번의 아찔한 침몰 위기를 아슬아슬하게 넘긴 것도 모두 사공의 덕이다.

1208년 2월, 유난히 따뜻했던 겨울이 지나고 버드나무에 연두색 물이 오를 무렵, 늘 그랬던 것처럼 한 배 가득 화물을 싣고 영산강을 빠져나왔다. 물살 험하기로 유명한 칠산 앞바다를 지나서 꼬박 닷새 동안이나 해안선을 따라올라 군산도(선유도)에 도착했다. 군산도는 우리 같이 짐을 실은 배들이 쉬어가는 휴식의 공간이다. 군산도와 무녀도 사이에는 태풍이 불어도 바람이 닿지 않는 안전한 포구가 있다.

이틀 동안 군산도에 묵으며 몸을 풀었다. 지체 높은 사람들은 오랜만에 배에서 내려 온돌방을 찾아 나섰다. 그러나 격군格軍들에게는 뭍을 밟아보는 것조차도 사치이다. 개경에 다녀올 때까지 죽으나 사나 배를 지키는 것이 그들의 숙명이다. 그런 설움을 모를 리 없는 사공이 오랜만에 굳은 얼굴을 풀고 탁주 단지를 내놓는다. 배가 떠나는 날 아내에게 받아서 배 부엌에 신주처럼 모셔놨던 회색빛 도기 단지이다. 한 사람에 두 잔꼴밖에 안 되는 적은 양이지만 나눠 먹는 동안 잠시나마 얼굴에 화색이 돈다. 나이가 가장 어린 막둥이 얼굴이 망주봉 양지바른 언덕의 진달래 꽃봉오리만큼 붉어졌다.

이제 안흥량만 지나면 예성강이 코앞이다. 뱃사람들에게 안흥량은 '배들의 공동묘지'라고 불린다. 조수가 사납고 곳곳에 암초가 있어 조금이라도 방향을 잘못 잡으면 침몰을 면하기 어렵기 때문이다. 가라앉은 배들에게도 봉분이 있다면 아마도 북망산 못지 않으리라. 그래서 평생 배를 탄 노련한 사공들도 안흥량을 지날 때면 진땀을 뺀다. 지난해에도 영광의 부용창에서 개경으로 올라가던 조운선 6척이 급한 물살을 피하지 못해 모조리 가라앉는 사고가 있었다. 나라에서는 안흥량이 내려다보이는 곳에 안파사安波寺(파도를 편안하게 하는 절)를 세워 기도하고, 암초 사이를 피해 가는 길을 찾으려 애를 쓰고 있지만 아직 뾰족한 수를 찾지 못했다.

군산도에서 출발하던 그날 아침, 파도는 잔잔하고 바람도 순조로웠다. 동쪽 산 위로 머리를 내민 해가 바다의 잔잔한 물결에 반사되어 섬 전체를 금빛으로 물들였다. 쇳소리처럼 거친 사공의 출발 구호를 신호 삼아 격군들이 요란한 소리를 내며 돛을 올렸다. 한쪽에서는 젊은 격군 두 명이 상수리나무로 만든 육중한 닻을 호롱으로 감아올리기 바쁘다. 바람이 나를 간질이며 돛에 모이는가 싶더니 금방 돛이 부풀어올랐다. 배가 서서히 앞으로 나가기 시작한다.

순풍을 따라 북쪽으로 한나절을 가서 거울섬(거아도)을 지났다. 이제는 안흥량에 들어설 차례이다. 밀물이 들어와야 수심이 깊어져 배가 지날 수 있다. 배가 잠시 멈춰서자 뱃사람들이 미리 준비해 놓은 재료로 떡을 쪄서 시루째 놓고 뱃전에서 제를 올린다. 술잔을 올리는 관리는 관복까지 차려입었다. 색리는 옆에서 축문을 읽고, 그 뒤로 사공과 격군들이 무사히 안흥량을 지나게 해달라며 연신 허리를 굽히고 비나리를 한다. 간단한 제사가 끝나자 사공이 축문을 태워 소지를 올리고, 술을 바다에 뿌렸다.

격군들의 힘찬 함성과 함께 다시 배가 서서히 앞으로 나아갔다. 부엌섬(신진도)과 마도 사이를 지나자 포효하듯 바다 위로 솟아 있는 사자 바위가 눈에 들어온다. 이제는 돛도 필요 없다. 오로지 사공의 경험에 따라 키를 맞추고, 상앗대로 바위를 피해야 한다. 조수가 들어오기 시작하면서 바닷물 수위가 높아졌다.

암초를 피해 노를 저으며 얼마쯤이나 갔을까. 부엌섬을 지날 때부터 급하게 밀려들던 바닷물 소리가 점점 커지는 것 같더니 갑자기 배가 심하게 요동쳤다. 키를 잡고 있던 사공의 손에 힘이 들어가고, 굳게 다문 입술 사이로 옅은 신음이 새어 나왔다. 짐을 가득 실은 육중한 배가 물결을 따라 기우뚱하는 순간, 오른쪽에 숨어 있던 암초에 배 바닥이 부딪혔다. 밀물을 따라 들어온 파도가 중심을 잃은 배의 이물을 때렸다. 두꺼운 이물이 파도를 밀어내는가 싶었는데, 갑자기 연결 부위가 깨지면서 바닷물이 배 안으로 쏟아져 들어왔다. 배의 바닥이 또 한 번 날카로운 암초에 부딪히면서 배의 바닥이 크게 벌어졌다. 배가 요동치는 파도를 따라 밀리다가 반 바퀴를 돌았다.

육중한 배가 나 때문에 더 요동을 쳤다. 지난 10년간 내가 지금처럼 배에 짐이 된 적이 없었다. 격군들이 급한 김에 나를 뽑아내려 했지만 역부족이었다. 배가 기우뚱거릴 때마다 여기저기서 봇물 터지듯 바닷물이 밀려들어왔다. 심하게 요동치던 나는 잠에 빠져들 듯 물속으로 몸이 가라앉는 것을 느끼며 정신을 잃었다. 바람을 타고 지령산 자락에서 들려오던 안파사 스님들의 독경 소리가 점점 작아졌다.

얼마만큼 시간이 지났을까. 내가 정신을 차렸을 때 배는 갯벌에 처박히듯 내려앉아 있었다. 나는 배에서 내 키만큼 떨어진 북쪽에 누워 있었다. 배가 가라앉을 때 저판에서 뿌리가 빠지면서 배에서 떨어져 나온 모양이다. 다행히 머리가 갯벌에 박혀서 떠

내려가지는 않았다. 주변을 둘러보니 배에서 쏟아져 나온 화물들이 곳곳에 참담하게 흩어져 있었다. 다행히 사공과 격군들은 보이지 않는다. 배가 가라앉기 전에 무사히 빠져나간 것일까. 뱃일이 서툰 막둥이가 다치지는 않았을까. 정든 사공과 격군들의 얼굴이 그림처럼 스쳐간다.

처음에는 수면 위로 우리 배를 찾는 사람들의 소리가 들려오기도 했지만, 며칠 지나자 그나마도 뜸해졌다. 하루하루 지나면서 개흙이 배 위에 쌓이기 시작했다. 그렇게 시간이 한 해, 두 해, 그리고 10년이 훌쩍 지났다. 배가 가라앉은 것을 아는 사람도 하나둘씩 세상을 떠났다. 개경으로 오르내린 기간보다 바다 속에 가라앉은 기간이 훨씬 길어지자 날짜를 세는 것도 무료해졌다. 개흙이 온몸을 덮었다. 햇빛도 달빛도 들지 않는 갯벌을 이불 삼아 깊은 잠에 빠져든다.

바다에서 발굴한 고려사 ──●

· 소장처: 국립해양문화재연구소.

01

갯벌이 지켜준
고려 시대 타임캡슐

||| 1 |||
800년 전의 약속

2016년 11월 17일, 육중한 선체에 돛대 하나를 세운 목선 한 척이 충남 태안의 신진항에 들어왔다. 2008년에 태안의 마도 북쪽 갯벌에서 모습을 드러낸 고려 시대 선박을 복원한 배였다. 배에 타고 있던 목포의 국립해양문화재연구소 직원들은 전남 지역 7개 시·군에서 기증한 쌀, 소금, 김, 미역, 다시마 등을 태안군에 전달했다. 800년 전 나주와 영암, 해남 일대에서 곡물과 도자기 등을 싣고 개경으로 향하다가 태안에서 침몰한 마도 1호선이 그랬던 것처럼. 만약 남북관계가 지금보다 좋았다면 예성항에 도착하여 개경에 사는 관리들에게 전달하기로 했던 800년 전의 약속을 지킬 수도 있었을 것이다.

마도 1호선이 출항지를 떠난 것은 1208년 2월경이었다. 당시 규정에 따르면 그해 겨울부터 1월까지 모든 물자를 거두어 조창에 보관하다가 2월부터 4월(먼 곳은 5월)까지 개경으로 운송하게 되어 있었다. 마도 1호선 역시 이 규정에 따라 1207년 추수가 끝난 10월 무렵부터 물자를 모아두었다가 이듬해 2월 19일경에 마지막 화물을 싣고 출항했다.

배가 2월 19일에 출항한 것은 영등일을 피하기 위해서이다. 영등일은 '영등할매 날'이라고도 한다. 영등할매(영등할망)는 비바람을 일으키는 신이다. 음력 2월 초하루에 땅에 내려왔다가 스무날이 되면 다시 올라간다. 그래서 제주도와 경상, 전라도 일부 남해안 지역에서는 이 기간에 운항을 꺼리는 풍속이 있다. 흥미로운 것은 영등할매가 내려오는 날 딸을 데려오면 바람이 불고, 며느리를 데려오면 비가 온다는 전설이다. 딸을 데려올 때 바람이 부는 것은 딸이 입은 치마를 나풀대게 해서 더 예쁘게 보이기 위한 것이고, 며느리를 데려올 때 비가 오는 것은 며느리의 고운 명주 치마를 얼룩지게 만들기 위해서라고 한다. 그래서 사람들은 영등할매가 며느리를 데리고 오게 해달라고 떡을 쪄놓고 빌었다. 바람 대신 비가 와야 풍년이 든다고 믿었기 때문이다.

배에 실은 화물은 죽산현(전남 해남군 마산면과 산이면 일대), 회진현(전남 나주시 다시면 일대), 수령현(전남 장흥군 장흥읍과 유치면 일대), 안로현(전남 영암군 금정면 일대)에서 발송한 곡물과 각종 어물이다.

특이한 점은 죽산현, 회진현, 수령현, 안로현이 꽤 멀리 떨어져 있다는 것이다. 현재로서는 네 지역의 사람들이 특정한 지역(포구나 조창)에 모아두었다가 한 번에 적재한 것인지, 마도 1호선이 네 지역의 포구를 돌면서 적재한 후에 출발한 것인지 밝히기 어렵다. 그러나 적재물이 영산강을 사이에 두고 마주 보고 있는 북쪽의 회진현과 남쪽의 수령현, 죽산현, 안로현에서 발송한 물건이라는 점을 고려하면 최소한 두 지역을 거쳤을 가능성이 크다.

수신자 정보를 담은 화물표, 목간

마도 1호선의 비밀을 풀어준 열쇠는 화물표에 해당하는 목간이다. 목간은 앞서 신안선이나 태안선에서도 출수되었지만 대개 수신자의 정보와 받는 도자기의 수 정도만 적힌 단순한 형태였다. 그러나 마도 1호선의 목간에는 발송인(또는 선적 책임자), 발송지, 보내는 물건의 종류와 수량, 개경에서 받는 수취인 등 매우 구체적인 정보가 기록되어 있었다. 예컨대 "별장 권극평 댁에 20두를 넣은 메주를 올림, 송씨 성을 가진 호장이 보냄", "대장군 김순영 댁에 올림. 밭에서 생산된 벼 여섯 섬" 등과 같은 식이다.

일부 목간의 경우 받는 사람이 검교檢校직, 동정同正직의 관리인 경우도 있었다. 검교직은 관품만 있고 실제로는 구체적인 직책이 없는 문관 5품, 무관 4품 이상의 산직散職이다. 그에 미치지 못하는 6품 이하의 문관과 5품 이하의 산직은 동정직이라 했다. 마도 1호선이 침몰한 시기가 무신정권기임을 고려하면 재경 검교 대장군 윤기화는 비록 산관散官이기는 해도 꽤나 고위층이었을 것이다.

'검교대장군 윤기화'와 '전구동정 송'의 경우 직책 앞에 '재경在京'이라는 말이 붙은 것이 눈에 띈다. 이는 '죽산현 출신으로 개경에 있는'으로 해석된다. 산관임에도 개경에 거주하고 있었기 때문에 그렇게 기록한 것인지, 기인其人[*] 등으로 뽑혀서 개경에 거주하고 있었기 때문에 그렇게 기록한 것인지 알기 어렵다. 그러나 재경이라는 말을 앞에 붙인 것은 나름대로 이유가 있을 것이다. 고려 시대에는 벼슬아치를 제외하면 본관을 떠나 개경에서 사는 것이 쉽지 않기 때문이다. 마도 1호선에서는 '재경'이 적힌 목간이 총 8점이나 출수되었다.

목간은 대나무로 만든 것이 가장 많지만 더러는 물푸레나무나 팽나무, 가래나무 등으로 만든 것도 있다. 형태에 따라 머리 부분에 ＞＜ 모양 홈이 있는 것도 있고, 아래쪽이 뾰족한 것도 있다. 전자는 줄을 묶어 화물에 매달았을 것이고, 후자는 쌀가마 등에 꽂았던 것이다. 젓갈 항아리의 경우는 머리에 홈을 낸 형태의 목간을 항아리의 목 부분에 묶었던 것으로 보인다.

출수된 물품은 벼와 콩 같은 곡물류를 비롯하여 379점의 도자기, 대나무 상자와 바구니, 청동 수저와 대나무 젓가락, 빗, 종이 뭉치, 밧줄, 석탄 등 다양하다. 그중 청자는 321점인데, 대접과 접

---

[*] 고려 시대에 지방 호족의 자제로서 중앙에 볼모로 와서 그 출신 지방의 행정에 고문顧問 구실을 하던 사람.

[그림 1] 〈아집도 대련雅集圖對聯〉(부분)
고려 후기 문인들의 생활상을 그린 그림.
가운데 부분에 화분에 꽃을 키우는 모습이 담겨 있다.
* 소장처: 삼성미술관 리움.

시가 전체의 74.2퍼센트를 차지한다. 술잔은 55점(16.5퍼센트)이며, 철화문 화분이 6점, 상감청자 표주박형 주전자가 1점, 정병淨瓶*이 1점이다.

청자 중에는 화분이 눈에 띈다. 화분은 고려 시대 문인들이 매화나 국화를 키우는 데 사용했다. 상류층들이 화분에 꽃을 키우는 장면은 고려 말에 그려진 〈아집도 대련雅集圖對聯〉에도 잘 나타나 있다. 정병은 청동, 청자 등 다양한 재질로 만들었는데 여러 곳에서 출토되어 민간용인지, 사찰용인지 구분하기 어렵다. 그동안은 사찰의 의례용품으로 파악했으나 《고려도경》에서는 민간인들도 이용하는 물병으로 기록되어 있다.

배에 실린 석탄의 용도는?

마도 1호선에서 출수된 석탄은 매우 희귀한 유물이다. 그것이 고려 시대의 유물인지, 훗날에 섞인 것인지에 대해서는 이견이 있다. 그러나 고려 선박에서 석탄이 출수된 것이 매우 특별한 일임은 틀림없다. 발굴조사 보고서에서는 이 석탄이 공물 중 하나가 아니었을까 추정하고 있지만, 만약 그것이 고려 시대의 것이 맞

---

* 긴 뚜껑이 있고 따르는 주둥이가 하나 있는, 손잡이가 없는 주전자 형태의 병. 부처님께 바치는 깨끗한 물을 담는 용도로 사용했다.

다면 선상생활을 위한 취사재 또는 난방재일 가능성이 크다. 조운선이 조창에서 출범하여 개경으로 떠났던 시기는 꽃샘추위가 한창인 2월(양력 3월)이었기 때문이다. 2월에 전라도 남해안이나 경상도 남해안에서 배를 타고 떠난 뱃사람들은 길게는 3개월 가까이 배에서 지내야 했다. 총 3개월이나 되는 기간에 아무런 난방 장치 없이 지낼 수는 없었을 것이다.

마도 1호선에서 곡물과 함께 나온 석탄이나 솔방울도 그러한 용도와 무관하지 않다고 생각한다. 특히 출토 유물 중에 솔방울은 있지만 숯이 없었던 점은 이러한 추측에 무게를 실어준다. 솔방울은 단순한 연료이기에 앞서 석탄에 불을 붙이는 데 안성맞춤인 중간 연매제이기 때문이다. 불과 30년 전만 하더라도 시골 학교에서는 석탄 난로에 불을 붙이기 위해 솔방울을 사용했었다. 고려 사람들은 솔방울을 송방松房 또는 송자松子라고 했는데, 그것은 솔방울과 잣을 통칭하는 말이었다.

조선 시대 기록에는 석탄과 관련된 흥미로운 내용이 여럿 있다. 그중 하나가 1483년에 경상도 관찰사 김자정金自貞이 성종에게 올린 계문이다.

영해부 지면의 길이 7척, 너비 27척 남짓한 땅에서 낮에는 연기가 오르고, 밤이면 화광이 있어 흙 반척半尺을 팠더니, 화기火氣가 매우 강하고 모래와 돌 사이에 불이 붙어 있습니다(《성종실록》 권153, 14년 4월 29일 신묘).

보고를 받은 성종은 심각해졌다. 당시 사람들에게 그것은 임금이 정치를 잘못한 것을 벌하기 위해 하늘이 내린 재앙으로 비춰질 수 있었기 때문이다. 반면 헛소문이라면 터무니없는 말로 인심을 놀라게 한 것이므로 사실을 규명할 필요가 있었다. 이에 곧바로 사람을 보내서 실상을 밝히도록 했다. 열흘 만에 조사 나간 자들이 돌아와 보고했다.

내관 이효지·겸사복 황형이 영해寧海로부터 돌아와서 아뢰기를, "영해 남쪽 5리쯤 되는 송현이라는 곳의 낭떠러지 사이에 연기가 올라가고 나무와 돌이 모두 탔는데, 시골 늙은이에게 널리 물으니 모두 말하기를, '지난 신유년 가을에 불이 나서 3년 만에 꺼졌다'고 하였습니다"(《성종실록》 권154, 14년 5월 10일 신축).

그들은 현장에서 주워온 돌을 왕에게 바쳤다. 성종이 그 돌을 보니 불에 탄 것이 마치 숯과 같았다. 성종은 그것이 중국에서 사용한다는 석탄인가 싶어 중국어 역관 장유성에게 시험해 보게 했다. 장유성이 명을 받아 불 속에 넣어 보니 불에 타기는 했으나 불꽃은 없었다. 석탄은 아니었던 것이다.

1590년(선조 23) 윤두수가 편찬한 《평양지》에는 "성의 동쪽에 석탄소가 있는데, 그곳의 석탄은 불이 붙어도 연기가 없으므로 무연탄無煙炭이라 불렀다"고 하는 구절도 있다.

이처럼 지하 탄광이 본격적으로 개발되기 전까지 석탄은 대개 지표면에 노출된 것을 채취하는 경우가 많았다. 이는 《신증동국 여지승람》 전라도 화순현 산천조에 "현의 동쪽 흑토재黑土岾에서 흑토가 생산된다"라는 기록을 통해서도 확인된다.

흑토는 조선 시대 사람들이 석탄을 가리키는 말이었다. 화순 흑토재는 1918년에 박현경이라는 인물이 동암탄광을 설립했다고 알려진 곳이다. 지금도 그 부근에는 화순광업소가 있다. 화순은 태안 마도 1호선에서 출수된 목간에 기록된 지역인 회진현과도 가까운 거리에 있다. 만약 그 석탄이 고려 시대의 것이라면 화순 에서 채취되어 배에 실렸을 가능성도 있다.

청동 수저는 총 13점이 출수되었다. 주로 배의 부엌 부근에서 발견되었으며 사용 흔적이 있다. 일부는 솥 안에서 발견되기도 했다. 따라서 청동 수저는 화물이 아니라 선원들의 일상용품이었 을 가능성이 크다. 그것은 조운선의 탑승 인원을 추정하는 데 매 우 유용한 유물이다. 수저의 숫자가 곧 탑승 인원의 수를 의미한 다고 할 수 있기 때문이다. 마도 2호선과 3호선에서도 8~9점의 청동 수저가 발견된 것을 보면 당시 배 한 척에 탄 인원은 8~13 명 정도로 추정된다.

끝으로 마도 1호선에서 출수된 유물 중 주의 깊게 살펴볼 만한 유물로 시루와 솥이 있다. 도기질의 시루는 떡을 찔 때 사용하던 조선 시대 짙은 회색빛 시루와 다름없지만 지름이 30.8센티미터 밖에 되지 않는 소형이다. 시루 안에서는 시루 구멍으로 내용물이 빠지지 않도록 막아주는 시루 받침(시루망)도 발견되었다. 그것은 떡을 찌거나 곡식을 찔 때 사용했던 것으로 보이는데, 공교롭게도 함께 출수된 다리 달린 철제 솥에 꼭 맞는 크기이다.

마도 1호선에서는 다리가 달린 솥과 다리가 달리지 않은 솥이 각각 1개, 형체를 알 수 없는 솥의 바닥이 1개 출수되었다. 발굴보고서에서는 다리가 달린 솥을 정鼎, 다리가 없는 솥은 부釜로 분류했다. 그러나 고려 시대 사람들은 솥의 기능에 따라 각기 다르게 불렀던 것 같다. 예컨대 《고려사》에서는 솥을 정鼎, 정확鼎鑊, 기錡, 부釜로 구분하여 쓰고 있다. 그중 정이나 정확은 의식용으로 사용하는 다리가 달린 솥을 일컫는다. 특별히 나라에서 제사를 지낼 때 쓰는 솥은 정확이라고 하고, 일반인이 썼던 솥은 정이라고 했다. 일상적으로 사용하는 다리 달린 솥은 기錡라고 했으며, 다리가 없는 솥은 부釜라고 했다. 따라서 마도 1호선에서 사용한 다리 달린 솥이 제사용이라면 정, 단순히 조리용이라면 기라고 하는 것이 옳다.

형체를 알 수 없는 솥은 저부만 남아 있다. 바닥의 너비가 57.5센티미터 정도이기 때문에 발굴보고서에서는 바닥이 그 정도 되는 큰 솥이었을 것으로 추정했다. 그런데 자세히 보면 그 솥 조각은 아래쪽이 아니라 위쪽에 불을 지핀 흔적이 있다. 따라서 그것은 본래부터 온전한 형태가 아니라 다른 솥에 불을 지필 때 바닥에 깔기 위해 적재한 것으로 보인다. 최근 고고학계에서는 고대 고분 안에서 출토된 다리미(자루 달린 청동기)를 솥에 불을 붙일 때

[그림 2] 마도 1호선 출토 시루와 떡시루망(왼쪽 하단의 바닥 위)
* 소장처: 국립해양문화재연구소.

[그림 3] 떡시루망
* 소장처: 국립민속박물관.

쓰는 화로로 보는 견해가 설득력을 얻고 있다. 마도 1호선에서 출수된 솥바닥도 그런 용도의 철편이 아닐까 생각된다. 만약 그렇게 큰 솥이 온전한 형태로 적재되었다면 다른 부위가 어떤 형태로든 남아 있었을 것이다.

||| 2 |||
마도 해역에서 발견된
고려 시대 선박들

주꾸미가 찾아낸 보물선

국내에서 처음 출수된 고선박은 신안선이다. 신안선은 1323년 원나라에서 고려를 거쳐 일본으로 가다가 침몰한 것으로 알려져 있다. 함께 인양된 유물은 도자기와 공예품 2만 7,000점, 동전 약 28톤(800만 개), 불상 등을 만드는 고급 향나무(자단목) 1,100여 점 등이다. 박물관 한 개 규모의 유물이 배 한 척에서 쏟아져 나온 셈이다.

1984년에는 완도군 약산면 어두리 해변에서 12세기 중후반에 침몰한 것으로 보이는 고려 시대 선박이 출수되었다. 완도선이라 이름 붙여진 이 배 안에는 약 3만 점의 도자기가 실려 있었다. 이후 서남해 해안에서는 안좌선, 달리도선, 십이동파도선, 대부도선 등이 연이어 출수되었다.

태안 마도 해역에서 고려 시대 선박이 처음 출수된 것은 2007년이었다. 그해 5월 14일, 충남 태안 앞바다에서 주꾸미를 낚던 어부가 청자 대접에 빨판을 붙인 주꾸미 한 마리를 건져 올렸다. 주꾸미는 보통 소라껍데기에 알을 낳고 조개껍데기를 끌어다가 입구를 막는 습성이 있는데, 그 주꾸미는 청자 대접을 조개껍데기 대신 사용했던 것이다.

　어부의 신고를 받고 조사에 나선 국립해양문화재연구소 발굴팀은 해당 지점에서 청자 8,000점을 비롯하여 선체, 목간, 선상 생활용품 등 총 2만 4,887점이나 되는 유물을 건져 올렸다. 900년 만에 모습을 드러낸 이 고려 선박에는 '고려 보물선'(정식 명칭은 태안선)이라는 별명이 붙었다. 태안선의 침몰 연대에 대해서는 목간에 기록된 신미辛未 또는 신해辛亥와 방사성 탄소 연대 측정 결과를 근거로 1131년과 1151년 등이 제시되었다. 그러나 나중에 신해라는 글자가 확인되고, 선체에 쓰인 나무가 1126~1150년에 벌목되었다는 것이 추가로 밝혀지면서 1131년 침몰설이 더 설득력을 얻게 되었다.

　태안선의 선체는 이물과 고물이 동서쪽에 있고, 남쪽으로 약 95° 기울어진 형태로 발견되었다. 잔존 선체는 총 6매가 수습되었는데, 4단으로 구성된 외판이다. 태안선의 선체는 이전에 출수된 고려 선박과 비교할 때 판재가 잘 다듬어진 편이지만 두께는 얇은 편이다. 배의 잔존 상태가 좋지 않아 전체적인 규모나 형태는 알 수 없지만, 제작 방식이 이후에 출수된 선박들과는 다소 다르다.

따라서 필자는 태안선이 마도 1~3호선과는 다른, 사선私船일 가능성이 있다는 의견을 제시한 바 있다.

물론 그것은 배의 형태가 그렇다는 것이지 배에 실린 물건의 성격까지 그렇게 규정지은 것은 아니다. 모든 운송을 관선官船으로만 해결할 수는 없었으므로 공적 물자 운송에 사선이 동원되는 일은 당시에 매우 보편적인 일이었을 것이다. 따라서 태안선에 실린 도자기는 공납품일 가능성도 크다. 탐진현 사람들이 특정 관리들에게 한꺼번에 수만 점의 도자기를 보냈다기보다는 공납으로 개경에 있는 중간 관리자에게 보냈다고 보는 것이 더 설득력 있어 보인다.

이러한 사실은 화물을 통해서도 확인된다. 배에 실린 도자기 중에는 처음부터 불량품이었을 것으로 추정되는 것들이 있다. 청자사자향로 뚜껑이 대표적인데, 그것은 가마에서 꺼낼 때부터 이미 터진 상태였다. 따라서 개경으로 가져가도 제 역할을 하지 못했을 것이다.

태안선에 실린 도자기들이 개경에 사는 관리의 주문을 받아 생산된 것이라면 그런 불량품들이 배에 실렸던 이유가 설명되지 않는다. 정해진 날짜에 맞춰 공납품을 발송하려다 보니, 새로 도자기를 구울 틈도 없이 한꺼번에 배에 실어 보냈던 것이다.

배와 함께 출수된 유물은 청자 2만 3,771점과 목간 34점, 닻돌 2점, 선상용품, 인골人骨 등이다. 그중에서도 특히 연구자들의 관심을 끈 것은 목간이었다. 목간에는 배의 출발지로 보이는 '탐진(강진)'이라는 지명과 '최대경댁상崔大卿宅上', '류장명댁柳將命宅',

'탐진현재경대정인수호부牰津県在京隊正仁守戶付', '안영安永' 등 직급과 인명이 적혀 있었다. 탐진은 지금의 강진을 일컫는다. 예전에는 탐라로 갈 때 강진에서 바람을 기다리다 배에 탔다고 한다. 그래서 '탐라로 건너가는 나루'라는 의미로 탐진이라 불리게 되었다.

최대경, 류장명, 탐진현의 재경 대정 인수, 안영 등은 개경에서 물품을 받기로 한 수취인들이다. 특히 대정 벼슬의 인수라는 사람에게 전해지는 도자기가 많은데, 그것은 개인적으로 매입한 자기라기보다는 그가 탐진현의 사심事審[*] 또는 기인으로서 개경에서 공납품을 1차적으로 받아 납부하는 역할을 맡았기 때문이 아닐까 생각된다. 다른 직책과 달리 목간에 '재경在京'이라는 용어가 붙은 것이 더욱 그런 해석을 가능케 한다. '탐진현 재경'이라는 말은 '탐진현 출신으로 서울에 있는'이라는 의미로 해석하는 것이 더 자연스럽다.

목간의 묵서명이 끝나는 부분에는 '인印'을 써서 나중에 누군가가 고치거나 위조하는 것을 막았고, 뒷면에는 '차지재선장次知載船長'이라는 글씨를 쓰고 수결했다. 이때의 '차지'는 담당자 또는 일을 맡아 하는 사람이라는 뜻을 가진 이두吏讀이다. 그리고 재선장은 '배에 실은 것을 확인한 책임자', 즉 앞면에 쓴 화물의 선적을

---

* 고려 시대에 서울인 개경에 거주하며 출신지의 향리 임명과 감독, 풍속의 교정 등 고을에서 일어나는 일을 책임지는 역할을 맡았던 벼슬아치.

확인한 책임자라는 의미이다. 따라서 '차지재선장'은 '배에 싣는 것을 담당한 책임자'(아마도 포구 지역의 고위층 향리)로 해석된다.

태안선 출토 유물 중 특이한 것 가운데 하나는 도자기를 포장하는 데 사용한 목재들이다. 이 목재들은 소나무를 길게 깎아서 만들었는데, 운송 중 서로 부딪혀 깨지는 것을 막고 특정 수량 단위로 포장하기 위해 사용된 것으로 보인다. 양쪽 끝과 중간의 홈은 포장 줄을 묶기 쉽도록 인위적으로 만든 것이다. 이와 관련하여 태안선에서 출토된 목간에서 판독된 과裹, 외畏 등의 글자들을 주목해 볼 필요가 있다. 과는 꾸러미라는 의미를 가지고 있으므로 '사기일과 沙器壹裹'는 사기 한 꾸러미를 의미하는 것으로 이해된다.

한 꾸러미는 보통 10개를 일컫는 말이다. 외畏라는 글자는 과裹의 약자 또는 미해독 글자일 것이다. 조선 시대의 경우 사기그릇 10개를 1죽竹이라고 한 것과 한 꾸러미의 수가 같은 것을 보면 10개 정도를 뜻하는 말이 아니었을까 생각된다.

선상 용품으로 분류된 바구니, 청동완, 철제 솥, 도기호, 도기병, 시루 등은 뱃사람들이 실제로 배에서 이용했거나 개경의 관료들에게 상납할 물품들이다. 세 개의 발이 달린 철제 솥은 뱃사람들이 떡을 찌거나 죽을 끓일 때 사용했던 것으로 보이며, 개경의 관료들에게 배달될 예정이었던 도기호에는 조기, 밴댕이, 볼락으로 추정되는 젓갈이 담겨 있었다.

도자기 사이에서 발견된 인골은 배에 타고 있던 선원 중 한 명으로, 배가 가라앉는 긴급한 상황에서 미처 빠져나오지 못하고

[그림 4] 태안선 출토 목간 '최대경댁상'
* 소장처: 국립해양문화재연구소.

[그림 5] 태안선 출토 청자사자향로 뚜껑
* 소장처: 국립해양문화재연구소.

도자기 더미에 깔려 안타까운 죽음을 맞았던 것으로 보인다. 조사 결과에 따르면 수습된 인골은 좌우 어깨뼈와 오른쪽 위팔뼈, 좌우 아래팔뼈, 목뼈에서 등뼈까지이며, 키가 160센티미터쯤 되는 30대 남성의 뼈일 가능성이 크다고 한다.

최근 발견된 조선 후기 수군이나 조졸漕卒에 관한 기록에는 당시 군졸들의 키가 일괄적으로 4척이었다고 기록되어 있다. 당시에는 속오군의 키를 재는 자로 신장척身長尺이라는 것이 있었다. 신장척은 대개 35.6센티미터로 알려져 있다. 그것을 기준으로 보면 4척은 약 142.4센티미터 정도가 되는데, 지금의 관점에서는 큰 키라고 하기 어렵다. 물론 당시에는 신장척 외에도 여러 가지 척도가 있었다. 예컨대 영조척은 약 31센티미터, 황종척은 약 35센티미터, 포백척은 약 48센티미터이다. 그중 어느 것을 기준으로 했는지 정확히 알 수 없다.[*]

1894년에 한국을 방문한 이사벨라 버드 비숍은 "한국인들은 중국인이나 일본인과 닮지도 않았다. 체격이 크고 훨씬 잘 생겼으며, 남성의 평균 신장은 163.4센티미터 정도였다"고 기록한 바 있다. 태안선과 함께 출수된 강진 사람의 키도 이에 가까웠을 것이다.

---

[*] 영조척은 성곽이나 궁궐, 관아 등을 지을 때에 사용하는 자이고, 황종척은 각종 악기 제작에 사용하는 자이다. 주척은 거리, 토지 등을 측정하거나 신주를 만드는 데 사용한다. 조례기척은 종묘나 문묘 등의 제기를 만들 때 사용하며, 포백척은 옷감 등을 잴 때 쓴다.

마도 2호선에 실린 청자 매병은
꿀단지? 참기름 단지?

태안 마도 2호선은 2009년에 1호선 인근에서 출수되었다. 남아 있는 배의 규모는 길이 12.6미터, 너비 4.4미터 정도이며, 형태는 마도 1호선과 매우 유사하다. 배가 침몰한 시기는 명확하지 않으나 목간에 적힌 인물들이 활동했던 시기를 고려할 때 1208년 또는 그보다 약간 앞선 시기로 추정되었다.

만약 제작 시기가 1208년이라고 하면 고려 희종 4년이 된다. 희종은 신종의 양위를 받아 최충헌에 의해 왕위에 오른 임금이다. 《고려사》를 편찬한 사관은 신종 논찬조에서 "신종은 최충헌이 왕위에 앉혔는데 사람을 살리고 죽이는 것과 관청의 설치 및 폐지가 모두 최충헌의 손에서 나왔으므로 왕은 흡사 나무로 깎은 허수아비와 같았다"라고 한탄했다. 신종의 뒤를 이은 희종 역시 마찬가지였다.

희종은 1205년에 최충헌을 진강군개국후晋康郡 開國侯로 봉했고, 1206년에는 다시 진강후晋康侯에 봉하고 흥녕부興寧府를 세우게 했다. 1208년에는 개경의 대시大市 좌우의 긴 행랑 1,080영楹을 고쳐 짓게 하는 등 경제 진흥을 위한 정책을 시행하기도 했으나 1211년에 최충헌을 제거하려다가 실패하여 폐위당했다. 따라서 마도 2호선이 침몰한 시기는 최충헌이 정적을 모두 제거하고 입맛에 따라 왕을 갈아치우며 정치를 독단하던 때에 해당한다.

출수된 유물은 청자 매병을 비롯하여 자기와 도기류, 목간, 철제 솥, 청동 수저와 청동 주발, 맷돌 등 총 974점에 이른다. 그중에서 가장 주목을 받았던 것은 '준樽'이라고 기록된 청자 매병 3점이다. 그동안 청자 매병의 용도에 대해서는 많은 의견이 있었다. 한자의 의미로는 술통이지만 술을 마셔본 사람이라면 매병이 얼마나 불편한지 금방 알 수 있다. 매병은 병의 입구가 좁고 어깨가 넓어 술병으로 쓰기에는 매우 불편한 모양이기 때문이다. 서긍의 《고려도경》에도 청자 준尊이 등장한다. 준은 자기, 도기와 함께 쓰이고 있는데다가 서긍이 도기질의 준[陶尊도준]을 술통이라고 설명했기 때문에 그동안 연구자들은 술을 담는 용기로 추정했다.

그러나 태안 마도 2호선에서 목간이 달린 매병이 출수되어 당시 사람들이 그것을 다양한 용도로 사용했음을 알게 되었다. 목간에는 도방의 도장교 오문부吳文富 댁에 전달될 '정밀精蜜'과 '진眞'이라고 적혀 있었다. 정밀은 '매우 잘 거른 꿀'이라는 뜻이고, 진은 '참기름'을 의미하는 것으로 해석되고 있다. 《조선왕조실록》에도 전라도의 공납품으로 참기름과 들기름, 꿀 등이 기록되어 있는데, 《세종실록》 지리지에서는 그것을 각각 지마유芝麻油(민간에서 부르는 이름은 참기름[진유眞油]), 소자유蘇子油(민간에서 부르는 이름은 들기름[법유法油]), 청밀淸蜜(또는 봉밀蜂蜜)이라고 했다.

두 점의 청자 매병은 발굴된 지 얼마 되지 않아 보물로 지정되었다. 지금 우리의 눈에는 꿀이나 참기름보다 청자 매병의 가치가 훨씬 더 높아 보이는데, 당시 사람들은 매병 못지않게 꿀과 기

[그림 6] 마도 2호선 출토 꿀을 담았던 청자 매병
* 소장처: 국립해양문화재연구소.

름도 중요하게 여긴 것 같다. 어쩌면 꿀과 참기름이 아니라 매병이 공물이었을지도 모르겠다.

마도 2호선의 화물 중 주목되는 것으로 알젓(난해卵醢)과 누룩(국麴)도 있다. 알젓은 현대인들도 즐겨 먹는 명태알젓, 청어알젓, 대구알젓, 조기알젓, 숭어알젓 등을 의미하는 것이 아닐까 싶다. 그중에서도 참기름을 발라 여러 차례 말린 숭어알젓은 조선 시대의 진상품으로 알려져 있다. 이를 일컬어 숭어 어란魚卵이라고 하고, 말린 것을 얇게 떠서 먹는다고 해서 숭어 어란포魚卵脯라고도 했다. 어란포는 공정이 어렵기도 하지만 맛도 좋아 지금도 매우 비싼 가격에 거래되고 있다. 그러나 목간에 어란포라는 말이 없는 점과 마도 2호선의 출발지가 고창 일대임을 고려하면 인근의 칠산 앞바다에서 흔히 잡히는 조기알젓이었을 가능성도 있다.

누룩은 고려인들이 즐겨 먹었던 술의 재료로 대개 밀이나 쌀·녹두·보리 등을 발효시켜 만들었다. 밀은 조선 시대까지도 매우 비싼 재료였다. 따라서 민간에는 아무래도 좀 구하기 쉬운 보리, 녹두 등의 재료로 만든 것이 많았다고 한다. 고려 사람들의 술에 대한 애정은 여러 곳에서 확인된다. 특히 술을 사랑했던 이규보와 임춘은 술의 재료인 누룩을 의인화하여 〈국선생전〉과 〈국순전〉이라는 가전체 소설*을 짓기도 했다. 두 작품 모두 누룩이 임금의 사랑을 받아

---

* 가전체 소설은 종이, 죽부인, 동전 등 특정 물품을 사람에 비유하여 그 가문의 내력과 일생을 전기문 형태로 쓴 글이다.

정계에 진출했다가 결국은 임금의 정치를 흐리게 하여 탄핵을 받는다는 내용을 담고 있다.

고려인들의 술 사랑 이야기는 《고려도경》에서도 확인된다. 서긍은 "고려에서는 찹쌀이 없어서 멥쌀에 누룩을 섞어서 술을 만드는데, 빛깔이 짙고 맛이 진해서 쉽게 취하고 빨리 깬다"라고 했다. 그리고 또 한편으로는 "고려 사람들이 술을 좋아하지만 좋은 술을 구하기가 어려워 서민의 집에서는 맛이 텁텁하고 빛깔이 진한 탁주를 마시는데 모두 아무렇지도 않게 맛있게 여긴다"라고도 했다. 마도 2호선에서는 누룩과 함께 용수[*]로 추정되는 대나무 제품이 발견되기도 했다. 아마도 배에서 술을 담그거나 담근 술을 싣고 운반하며 제사 또는 음용으로 사용했던 것 같다. 배에서 출수된 목재 잔탁은 제사 때 술을 따랐던 제기였을 가능성이 크다.

선상 생활용품 중에 마도 1호선의 출토품과 유사한 형태로 제작된 시루도 눈에 띈다. 밑지름이 28.8센티미터 정도인데, 솥의 지름이 33.5~46센티미터인 것을 보면 역시 솥에 올려 떡이나 말린 생선 등을 찌는 데 이용한 것이 아닐까 생각된다.

---

[*] 싸리나 대오리로 만든 둥글고 긴 통. 술이나 장을 거르는 데 쓴다.

육식을 좋아했던 고려인들?

흥미로운 사실은 마도 2호선에서 사슴, 돼지, 개, 소, 고라니 등 동물 6종의 뼈가 약 72점, 닭과 오리 등 조류의 뼈가 49점, 농어, 숭어, 민어 등의 어류 뼈가 29점이나 발견되었다는 것이다. 이 뼈들은 마도 2호선 안에 많은 종류의 육류가 운송용 또는 소비용으로 실려 있었다는 것을 의미한다.

고려 사람들은 불교를 신봉하여 육식을 하지 않았다고 알려져 있다. 서긍의 《고려도경》에도 "고려인들은 부처를 신봉하여 살생을 경계하므로 국왕이나 재상이 아니면 양과 돼지고기를 먹지 못한다"라는 기록이 보인다. 그러므로 송에서 사신이 올 때면 미리 양과 돼지를 준비해서 기르다가 그것을 잡아서 사신에게 대접한다고 했다. 심지어는 "도축하는 법을 알지 못하여 동물의 사지를 묶은 후 불에 던져 목숨이 끊어진 후에야 손질했으므로, 국을 끓이거나 구이를 해도 고약한 냄새를 없애지 못한다"는 기록도 있다.

그렇다면 마도 2호선과 3호선에서 출수된 유물 중에 동물의 뼈가 많았다는 것은 어떻게 해석해야 할까. 서긍의 기록대로라면 왕실이나 공경대부에게로 운송될 육류라고 보는 것이 가장 합당하다. 그러나 주방으로 추정되는 곳에서도 동물의 견갑골이 발견되고, 그 주변에서 숟가락과 함께 동물의 뼈가 함께 발견된 것을 보면 배에 탄 사람이 먹었을 가능성도 완전히 배제하기 어렵다. 살생 금지라는 말이 최소한 뱃사람들에게는 적용되지 않았던 모양이다.

또한 그 많은 종류의 동물들이 어떤 형태로 운송되었는지도 의문이다. 19세기 말에 오횡묵이 지은 《지도군총쇄록》에는 뱃사람들이 시간을 알기 위해 수탉을 싣고 다녔다는 기록이 있다. 따라서 닭은 예외로 하더라도 다른 동물들은 산 채로 운송하기 어려웠을 것이다. 그렇다면 도축된 형태로 운송했다는 이야기가 되는데, 습기 많고 통풍이 안 되는 배 안에서 생고기를 어떻게 보관했을까. 그것도 풀리지 않는 수수께끼 중 하나이다.

47점이나 되는 목간에는 배의 출발지인 고창, 정읍 지역의 옛 지명, 화물의 종류와 수량, 개경에서 물자를 받을 수취인들의 이름이 적혀 있었다. 그중 주목되는 것은 '대경大卿 벼슬의 유庚', '견룡牽龍 벼슬의 기奇', '별장別將 정원경鄭元卿', '교위校尉 황인준黃仁俊', '중방重房 도장교都將校 오문부吳文富' 등 관직과 인명이 기록된 목간이다. 이들 중에는 별장동정別將同正과 같은 산직자도 있긴 하지만 대부분 실직에 있는 현직 관료들이다. 이를 통해 볼 때 마도 2호선 역시 1호선과 마찬가지로 중앙 관료들에게 전달할 곡물과 각종 먹거리를 싣고 개경으로 향하던 운송선이었음을 알 수 있다. 마도 2호선에 실린 곡물이나 자기 역시 지방에서 서울의 군인들에게 올려 보낸 조세 또는 공물의 성격이 강한 물품들이라고 생각된다.

[그림 7] 마도 2호선 출토 목간

* 소장처: 국립해양문화재연구소.

정권 실세 김준에게 배송할 물품을 실은
마도 3호선

2011년에 출수된 태안 마도 3호선 역시 1·2호선 인근 마도 해역에서 발견되었다. 남아 있는 배의 규모는 길이 12미터, 너비 8미터이며, 전체적인 형태는 앞서 출수된 1·2호선과 마찬가지로 밑바닥과 이물, 고물이 모두 평평한 상자형이다. 마도 3호선은 지금까지 출수된 고려 선박 중 가장 완전한 형태를 보존하고 있어 고려 선박의 이물과 고물 구조, 돛대의 설치 방식 등에 다양한 정보를 제공할 것으로 기대하고 있다.

함께 출수된 유물은 젓갈을 담아 상납한 것으로 보이는 도기호를 비롯하여 선원들이 직접 사용한 것으로 보이는 선상 용품, 그리고 발송지와 발송인, 수취인, 화물의 종류와 수량 등이 적힌 목간 35점 등이다. 그중에서도 가장 주목되는 유물은 김영공金令公, 우삼번별초右三番別抄, 중방重房과 같은 고려 시대 관청과 관직의 이름이 적힌 목간이다. 수취인 중에서 가장 고위급 관료인 김영공은 고려 무인정권 시기 실권자 중의 하나였던 김준을 가리키는 것으로 추정되고 있다. 그리고 '우삼번별초', '(중)방□번', '도관都官' 등으로 표기된 목간은 삼별초와 중방이 하나가 아니라 몇 개의 조직으로 구성되어 있었음을 말해준다.

김준이 영공令公으로 표시된 구절, 여수呂水(麗水)라는 지명 등을 통해 볼 때 마도 3호선의 출발지는 김준과 연관이 있는 전남 여수 일대로 추정된다. 배의 침몰 시기는 1264~1268년 사이, 좀 더 구체적으로는 1265년으로 편년하는 것이 가능하다. 즉 마도 3호선은 전남 여수에서 김준을 비롯한 무신정권의 실권자와 관청에 보낼 물자들을 싣고 강화도로 향하다가 마도 앞바다에서 침몰한 화물선이었던 것이다.

그렇다 보니 마도 3호선에서는 유례없이 많은 청동 식기류가 출수되었다. 청동 대접 4개, 청동 합 1개, 청동 수저 9개, 청동 젓가락 2벌, 그 외에 반찬을 담는 그릇까지 포함하면 무려 60점이나 된다. 마도 3호선이 가라앉은 몽골 침입기는 구리가 부족했던 시기로 알려져 있다. 그런데도 마도 3호선에 청동 식기류가 많이 실린 것은 이 배가 다른 배와는 달리 꽤 지체가 있는 운송 책임자가 승선했던 선박일 가능성이 높다는 것을 말해준다.

조선 시대에도 조운을 책임진 영운관領運官이 탄 선박은 1칸짜리 방과 누대가 있는 다소 특별한 구조였다. 그들은 일반 선원들과는 다른 음식을 먹고, 해안가 군현의 지방관들로부터 수시로 음식을 대접받았다. 마도 3호선에서 출수된 갓끈 장식[竹纓죽영]과 청

• [그림 8] 태안 마도 3호선 출수 청동 식기류
* 소장처: 국립해양문화재연구소.

•• [그림 9] 태안 마도 3호선 출수 갓끈 장식
* 소장처: 국립해양문화재연구소.

바다에서 발굴한 고려사 ──●

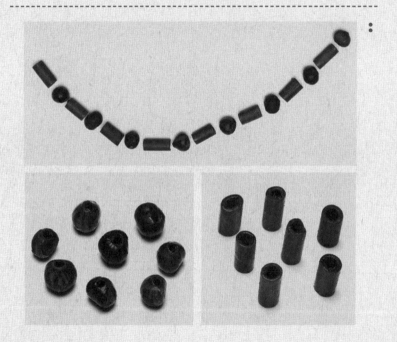

동 대접 및 청동 젓가락은 그러한 존재의 실재를 보여주는 증거이다. 갓끈 장식은 가는 대나무 마디와 씨앗을 번갈아가며 끼워 만들었다. 청동 대접은 높이 약 7센티미터, 입지름 약 16센티미터의 구연부가 살짝 벌어진 형태이다. 용도는 밥그릇으로 추정되며, 개수는 총 4개였다. 장식 있는 갓을 쓰고, 청동 젓가락과 청동 대접, 청동 합을 사용한 사람이 배의 최고위급 인사였을 가능성이 크다.

한편, 마도 3호선 출토 도기 항아리 중에는 고내지古乃只라고 불린 것도 있었다. 고내지는 고내기를 의미하는 이두로 추정된다. 고내기는 '자배기(손잡이가 달린 대야처럼 생긴 질그릇)보다 높이가 높고, 배가 옆으로 넓은 질그릇'을 일컫는 말이다. 일본에도 같은 말이 있는데, '대야盥(たらい)처럼 생겼으며 입구가 넓은 도기'라는 의미로 쓰인다. 따라서 고려 시대에도 다른 토기보다 펑퍼짐하고 입구가 넓은 그릇을 고내지라고 부른 것 같다. 실제로 고내지라고 쓴 목간이 나온 항아리는 다른 토기에 비해 배가 많이 넓고 구연부가 밖으로 벌어져 있다. 형태만 볼 때는 제주도에서 많이 제작된 능생이라는 옹기와 유사하다. 능생이는 다른 옹기보

• [그림 10] 마도 3호선 출토 고내지
* 소장처: 국립해양문화재연구소.

•• [그림 11] 제주도 허벅능생이
* 소장처: 국립민속박물관.

다 키가 낮고 구연부가 밖으로 벌어진 제주도의 전통 항아리이다. 요컨대 고내지는 능생이처럼 생긴 항아리를 일컫던 당시 용어라고 생각된다.

고려 사람들도 즐겨 먹었던 밤과 오이

마도 3호선에서는 밤 껍질이 들어 있는 도기가 3개나 출수되었다. 《고려도경》에서 서긍은 고려의 특산물로 잣과 밤을 꼽았다. 특히 밤은 복숭아만큼 크고 맛이 달고 좋으며, 질그릇에 담아서 흙 속에 묻어두면 해를 넘겨도 상하지 않으므로 여름에도 먹을 수 있다고 했다. 도기 속에 들어 있던 밤 역시 그런 용도로 보관되어 운송된 것으로 보인다. 그 외에 잣과 복숭아, 살구, 오이, 호박 씨앗 등도 출수되었다.

현재까지 마도 3호선의 출발 시기를 추정할 수 있는 자료는 없다. 그러나 복숭아와 살구, 오이, 호박 등이 한꺼번에 실릴 수 있는 때라면 6~8월경이 아닐까 생각된다. 잣이나 밤은 저장이 가능하지만 복숭아의 경우는 씨앗째 말리기 쉽지 않기 때문이다. 이규보의 《가포육영家圃六詠》에는 오이와 가지를 비롯하여 여섯 가지 채소를 재배한 사실이 기록되어 있다. 마도 3호선을 통해 볼 때 오이는 13세기 무렵에도 즐겨 먹었던 채소였던 것으로 보인다.

마도 3호선에 적재된 화물 가운데 견포犬脯, 상어포沙魚脯 등 마

바다에서 발굴한 고려사 ─●

른 음식이 포함되어 있던 점도 매우 흥미롭다. 이는 마른 개고기(또는 사슴고기)로 추정되는 육포와 상어포가 당시 귀한 음식으로 취급되었음을 보여주는 증거가 된다. 지금은 사라졌지만, 경북 문경 지역에서는 예전에 개고기를 소고기나 돼지고기처럼 육포로 말려서 먹기도 했다고 한다. 실제로 견포가 뜻하는 것이 개인지 사슴인지 구분하기 어렵지만, 냉장 시설이 등장하기 전까지 육류는 보관과 운송이 쉽도록 건조해서 유통하는 일이 많았을 것이다.

그 외에도 마도 3호선에는 10마리 정도의 사슴 녹각과 뼈, 5마리 정도로 추정되는 돼지 뼈 등이 실려 있었다. 돼지의 경우는 고기를 실었던 것으로 추정되지만 사슴의 경우는 추정이 애매하다. 일부 사슴의 경우 녹각이 두개골에 붙어 있는 형태로 출수되었기 때문이다. 따라서 그것을 약재로 사용하려 한 것인지, 고기를 먹기 위해 적재한 것인지, 살아 있는 사슴을 배에 싣고 가다가 침몰한 것인지 알기 어렵다.

고려 말에 그려진 것으로 추정되는 〈아집도 대련〉이라는 그림에는 사슴과 학을 애완동물로 키우는 귀족들의 모습이 그려져 있다. 그러므로 사슴을 산 채로 실어 갔을 가능성도 배제하기는 어렵다. 그에 비하면 상어는 지금도 말려서 제수로 이용하는 지역이 있다. 경북에서는 돔베기라는 상어고기를 제사상에 올리기도 하고, 전남 여수 일대에서는 북어포나 문어포 대신 상어포를 제물로 쓴다. 당시에도 마른 상어와 같은 건어물이 제수로 사용되었을 가능성이 크다.

[그림 12] 〈아집도 대련雅集圖對聯〉(부분)
고려 후기 문인들의 생활상을 그린 그림.
가운데 부분에 귀족들이 애완동물로 키우던 사슴과 학의 모습이 그려져 있다.
* 소장처: 삼성미술관 리움.

또 한 가지 주목되는 점은 당시 사람들이 배에서 사용한 것으로 추정되는 빗(즐櫛)과 오락용으로 사용된 것으로 보이는 장기알 등이 출수되었다는 것이다. 빗은 모두 참빗과 얼레빗이다. 보통 반달 모양의 얼레빗은 엉킨 머리를 초벌로 빗는 역할을 하고, 빗살이 촘촘한 참빗은 얼레빗으로 대략 빗은 머리를 곱게 빗거나 이를 훑는 데 쓴다. 임진왜란 때는 조선을 도우러 온 명나라 군대가 얼마나 못되게 굴었는지 "왜군이 얼레빗이라면 명군은 참빗"이라는 말이 생겼다고 한다. 조선 시대 사람들도 똑같이 얼레빗과 참빗을 사용했음을 보여주는 구절이다.

넓적하고 둥근 조약돌에 먹으로 한자를 쓴 장기알은 총 46점이 출수되었다. 이를 통해 마도 3호선에는 최소 2벌의 장기알이 있었음을 알 수 있다. 장기알에는 포, 차, 졸 등 우리가 지금도 사용하고 있는 장기알과 같은 글자가 쓰여 있고, 돌의 빛깔은 약간 붉은 색과 흰색, 연녹색으로 구분되어 있다. 돌의 크기가 각각이고, 차車로 읽힌 장기알이 2개인데 그중 붉은색 돌이 1개, 연녹색 돌이 1개인 것을 보면 돌의 색깔로 서로 구분한 것이 아닐까 하는 생각도 든다.

한자로는 바둑과 장기를 기碁(바둑)와 기棋·棊(장기)로 구분 없이 쓰지만 《삼국사기》에는 기碁만 있을 뿐 기棋가 없다. 그러나 《고려사》에는 기碁와 기棋가 구분되어 있다. 세가와 열전에 등장하는 기사들 중 둘을 섞어 쓴 예는 확인되지 않는다. 예컨대 최승로는 〈시무 28조〉에서 경종의 치세를 평가하며 "온종일 향악을 즐기고, 장기와 바둑(박혁博奕)을 두어도 싫증내지 않았다"고 했으나 경종 세가에서는 "바둑을 좋아했다[好圍碁]"고 하여 왕이 좋아한 것이 바둑이라고 명시했다.

그런 점에서 보면 장기에 대한 가장 오래된 기록은 거란의 2차 침입 때 "강조가 적을 얕보고 장기를 두다가 성이 함락되어 목숨을 잃었다"는 기사라고 할 수 있다. 《고려사》 악지의 〈서경별곡〉에는 "당唐의 상인 하두강賀頭綱이 장기를 잘 두었는데善棋", 예성강에 이르러 아름다운 여인을 보고는 속임수로 그녀의 남편과 내기 바둑을 두어 빼앗았다는 사연이 실려 있기도 하다. 원문에는 하두강이 당의 상인이라고 되어 있으나 예성강을 오갔다는 것을 보면 송상宋商이었을 가능성이 높다.

마도 3호선에서 발견된 장기알이 누구를 위한 것이었는지는 알기 어렵다. 뱃사람들이 이용했을 가능성도 없지 않지만 바둑과 달리 장기는 한자를 알아야 하므로 선원들은 사용하기 어려웠을 수도 있다. 지금 우리가 쓰는 빗과 똑같이 생긴 나무 빗과 장기알에 쓰인 글씨를 보면 고려 시대 사람들과 현재 우리들의 거리가 그리 멀지 않음이 느껴진다.

||| 3 |||
마도 1~3호선 화물은
조세인가 선물인가

지금까지 태안 마도 해역의 갯벌에서 출수된 고려 시대 선박과 유물들에 대해 살펴보았다. 그렇다면 마도 해역에서 출수된 선박 속의 화물들은 어떤 성격의 유물들일까? 앞서 잠깐 언급했듯이 가장 먼저 출수된 태안선은 선박의 모양이나 화물의 특징을 고려했을 때 마도 1~3호선과는 달리 도자기를 운송하던 사선이었다고 생각된다. 태안선을 제외한 마도 1~3호선은 대체로 생김새나 출수 유물이 매우 유사한 것을 보면 관선으로 볼 수 있다.

마도 1~3호선에 적재된 물건이 개인의 토지에서 생산된 지대地代인지, 관리에게 지급한 토지에서 거둬들인 전조田租인지에 대해서는 연구자들에 따라 다소 시각차가 있다. 그것은 목간에 기록된 글자 중 '전출田出'을 '지대'로 해석할 것인지, '전조'로 해석할 것인지를 둘러싼 견해차에서 비롯된 것이다. 지대는 개인

소유지를 농민들에게 빌려주고 그 대가로 받은 소작료를 의미한다. 반면, 전조는 국가로부터 받은 직역을 수행하는 대가로 받은 토지에서 거둬들인 조세이다. 만약 마도 1~3호선에 실린 곡물, 청자, 각종 식료품 등의 물자들이 관리들의 사유지에서 거둔 것이라면 지대가 될 것이고, 국가로부터 전시과로 받은 토지에서 거둬들인 물자들이라면 전조가 될 것이다.

이를 소작료라고 보는 연구자들은 수취인이 국가가 아닌 관리 개인이라는 점에 주목한다. 목간에 수록된 곡물의 양이 전시과로 받은 토지에서 징수했다고 보기에는 적은 양이었다는 점도 그것을 전조로 보기 어려운 근거라고 한다. 예컨대 마도 2호선에서 출수된 목간에 기록된 '대경 유자량'의 경우 전시과 규정에 따르면 전지 75결과 시지 30결을 받았는데, 그에게 전달될 곡물은 1석의 중미, 1석의 백미, 2석의 콩으로 그 양이 매우 적다는 것이다. 또한 곡식을 담은 단위도 15두 1석, 20두 1석으로 같지 않다는 점, 벼의 도정 정도에 따라 미米·백미白米·중미中米·정조正租·조租로 일관되지 않다는 점도 마도 1호선 화물의 성격을 전조로 보기 어렵게 한다고 본다. 그러나 그러한 논리를 근거로 마도 1~3호선을 사선으로 규정짓기에는 몇 가지 석연치 않은 점이 있다. 고려 시대에 지대와 조세가 명확히 구분되었는지도 알 수 없을 뿐 아니라 수조자(조를 거두는 관리)와 납세자(조세를 내는 토지 주인) 간에 어느 정도의 예속관계가 형성되어 있었는지에 대한 자료도 부족하기 때문이다.

마도 1~3호선을 사선으로 보기 어려운 이유

앞서 살펴본 여러 가지 이유 때문에 많은 연구자들이 마도 출토 선박에 적재된 물품은 사적인 성격이 약하다는 의견을 제시하고 있다. 그러나 그것이 공적인 물품이 아니라고 반박하는 논리적 근거가 모두 타당한 것은 아니다. 마도 출토 선박에 적재된 물품의 성격을 규명하기 위해서는 마도 출토 선박과 함께 출수된 목간과 물품을 좀 더 세밀히 분석할 필요가 있다.

먼저, 마도 1~3호선에 화물을 적재한 사람 중 일부가 상급 향리인 호장 또는 동정직의 관리라는 점에 주목해야 한다. 이들이 화물 적재에 관여했다는 것은 적재된 물자를 온전히 사적인 것으로 볼 수 없음을 의미한다. 예컨대 마도 1호선에서 출수된 목간의 경우, 호장으로 추정되는 안로현의 송춘宋椿과 죽산현의 윤모尹某가 개경에 있는 관리들에게 물자를 보낸다는 내용이 기록되어 있다. 즉 안로현의 호장과 죽산현의 호장이 개경의 관직자들에게 전출 곡식과 죽제품(부채나 빗), 메주 등 일상 물자를 보낸 사실을 기록하고 있는 것이다. 만약 적재된 물건들이 완전히 사유지에서 생산된 물품들이라면 향촌의 최고 지배층인 호장들이 물자의 적재와 발송에 굳이 개입하지는 않았을 것이다.

침몰 선박의 목간을 전문적으로 분석한 임경희의 연구에 따르면 목간에는 수취처를 이름+'댁상宅上' 또는 '호부戶付'로 썼는데, 댁상은 보낸 사람보다 고위 관리일 경우이고, 호부는 하위 관리인 경우라고 한다. 그런데 보낸 사람보다 받는 사람의 직책이 더 낮은 관리 중에도 그 지역에 연고가 없는 인물이 많다. 이처럼 지방의 실무 행정을 담당하던 호장이 지역과 연고가 없는 하급 관리에게 물건을 직접 보냈다는 것은 그 물건이 온전히 사적인 물자일 수 없다는 것을 말해준다. 고려 시대의 호장은 향리들 중에서도 최고위급에 속하는 사람들로 읍사邑司라고 불리는 독립적인 관청에서 근무하며, 조세 징수와 노동력 징발, 군대 지휘 등의 실질적인 지방 행정 업무를 담당하고 있었다. 따라서 마도선에서 출수된 물품은 단순히 개인 농장에서 수취한 곡물이거나 고위 관료에게 보낸 선물로 간주하기 어렵다.

마도 3호선에서 출수된 목간 중에는 오吳씨 성을 가진 승동정 丞同正이 강도에 살고 있는 부사심관에게 물자를 보낸 사실을 기록한 것이 있다. 물자를 보낸 승동정 오가 재지 세력인지, 조세의 운송을 위해 파견된 동정직 관리인지는 파악하기 어렵지만 부사심관에게 개인적으로 고용된 인물이라고는 생각되지 않는다. 설령 그가 개경의 관리들에게 고용된 사람이라고 하더라도 그것만으로 화물의 성격을 선물이나 지대로 확정할 수는 없다. 다음 기사를 보자.

공사公私의 조부租賦는 모두 백성들에게서 나오니, 백성들이 곤궁해진다면 어찌 충분히 수취하겠습니까? 관리들이 불량하여 오직 이익만을 좇아서 걸핏하면 백성들을 침탈하고, 권세가의 하수인들이 앞 다투어 전조田租를 징수하니, 백성들은 모두 근심과 고통을 호소하고 있습니다. 바라건대 폐하께서는 어질고 유능한 관리를 선발하여 지방관으로 임명하시어 권세가들이 백성들의 살림을 무너뜨리지 못하게 하십시오(《고려사》〈열전〉 최충헌).

최충헌의 간언에 등장하는 당시의 권세가들은 하수인을 수조지에 보내 전조를 징수하여 백성들을 괴롭히고 있었다. 따라서 마도 1~3호선에 발송인으로 이름만 기록된 사람들이 중앙 관리의 심부름꾼이라 하더라도 배에 실린 화물을 개인 농장의 수확물로 간주할 수 없다. 고려 시대는 물론 조선 초까지도 개인 수조지의 전조는 관리들이 직접 징수하는 경우가 많았기 때문이다. 그러므로 향리 외에 발송인으로 적힌 사람들이 존재한다고 해서 이를 근거로 마도 출수 선박을 사선으로 규정하는 것은 동의하기 어려운 주장이다.

또한 물자의 수취인들이 모두 중앙의 관리이거나 군인들로, 고려 시대의 정호층에 해당하는 사람들이라는 점도 중요하다. 태안 마도 1호선의 목간에 화물의 수신자로 기록된 인물은 대장군大將軍 김순영金純永, 별장別將 권극평權克平, 교위校尉 윤방준尹邦俊 등의 현직 관리들과 재경검교대장군在京檢校大將軍 윤기화尹起華, 봉어동정奉御同正 송수오宋壽梧, 재경별장동정在京別將同正 황영수黃永脩, 재경전구동정在京典廐同正 송ㅊ宋ㅊ 등 개경에 거주하는 산직 관리들이다.

　마도 2호선의 목간에 기록된 수신자는 '대경大卿 유경庚', '동정同正 이작균李作均', '재경교위在京校尉 윤□□尹□□', '재경在京 □□교위校尉 同正동정 유□□庚□□', '재경별장동정在京別將同正 윤□정尹□精' 등으로 해독되는데, 이들의 상당수는 개경에 사는 관리이거나 동정직(산직) 관리이다.

　이러한 사실은 마도 3호선을 통해 훨씬 더 명확히 드러난다. 마도 3호선에 적재된 화물은 당대 최고 권력자인 해양후海陽侯 김준의 연고지(여수)에서 강도로 올라간 것이다. 선박에 실린 물자의 수취인은 '사심事審 김영공金令公', '부사심副事審', '중방重房 우번右番', '우삼번별초도령시랑右三番別抄都領侍郎', '전민田民', '도관都官' 등이다. 이들 중 우삼번별초, 중방 우번, 전민(변정도감), 도관 등으로 판독된 목간은 개인적인 물자이기보다는 관청 운송용으로 보인다. 이처럼 개인뿐만 아니라 관청도 물자를 조달받을 수 있었던 것은 공해전이라는 토지의 성격 때문이다. 아마도 삼별초와 중방, 전민, 도관 등은 여수 일대에 공해전을 가지고 있었던 것 같다. 이와 같은 추론이 가능하다면 중방, 전민, 도관으로 수송된 물자는 사적인 것이 아니라 공적인 물자가 된다.

　한편, 여러 관리에게 운송되는 물품을 한꺼번에 실은 점이나 포장 단위가 9두-15두-18두-20두 등으로 일관성이 없다는 점도 주목할 필요가 있다. 만약 마도 1호선이 온전히 사적 성격의 선박이라면 특정 권력자의 물품이 대량으로 적재되었을 것이다. 예컨대 마도 1호선의 화물 수취인 중에는 종3품 대장군 김순영, 정5품의 최낭중과 같은 고위 관료와 정7품 별장 권극평, 교위 윤방준 등 하위 관료, 검교와 동정으로 기록된 산관들이 섞여 있다. 그러나 고위 관직자라고 하더라도 그 양이 다른 관리들에 비해 특별히 많지 않다. 만약 선적된 물자들이 개인 농장에서 생산되었거나 선물로 가는 물건들이라면 한꺼번에 상하 관리들의 물품이 섞여 실리지는 않았을 것이다.

고려 후기의 사실이기는 하지만 이색의 시 중에는 예성강물이 얼어붙은 겨울날 면천에 사는 노비가 그의 토지에서 생산된 쌀과 물산들을 싣고 온 것을 고마워하며 지은 것이 있다. 종3품 정도의 권력자라면 이색처럼 그의 농장에서 단독으로 실어 오는 선박이 있었을 것이다. 마도 1호선에서 출수된 목간 중 6석, 2석, 1석과 같은 소단위의 포장물과 9두-15두-18두-20두 등 일관되지 않은 포장물이 있다는 것은 당시 전시과로 받은 토지가 매우 적은 단위로 산재해 있었다는 것을 의미하는 것이다.

관료들의 전세를
조운선으로 운송해준 사례들

고려 시대에는 사적 권력 행사에 공적인 행정력이 동원되는 사례가 많았던 것으로 보인다. 예컨대 공무를 위해 설치한 역원을 개인의 편리에 이용한다던가, 조운을 할 때 개인의 물품을 운송해주는 것 등이 대표적이다. 이러한 행위는 분명 불법이었고, 발각되는 경우에는 처벌받았다. 그러나 그중에는 국가가 공인해준 부분도 있었던 것 같다. 다음 자료를 보자.

> 왕이 명령을 내려 공사公私의 곡식을 조운하면서 키잡이 배꾼들이 파괴, 침몰되었다거나 (곡물의 일부가) 물에 빠졌다거나 하는 구실을 붙여 가지고 저희들끼리 나누어 먹은 자들에게서는 모두 그 곡물을 받아낸다(《고려사》 세가, 문종 33년 정월).

위의 글에 제시된 공적 곡물은 수도의 좌·우창으로 들어가는 국가 수조지, 즉 공전公田에서 거둔 것이고, 사적 곡물은 개인의 수조지인 사전私田에서 거둔 것으로 이해된다. 그러한 점에서 보면 당시에는 국용을 위해 운송하는 것뿐만 아니라 전시과로 지급한 사전에서 징수한 조세를 개경까지 운송하는 것도 모두 조운이라 했음을 알 수 있다. 또한 고려 정부는 공·사전에서 징수한 조세의 운송 전체에 관심을 갖고 있었다는 사실도 알 수 있다. 그것이 실제로 시행되고 있었다는 것은 다음 자료에도 잘 나타나 있다.

> 권수평은 안동 사람이다. 그의 내력이 희미하여 족보는 알 수 없다. …… 일찍이 대정隊正이 되어 가난하게 사는데 낭중郎中 복장한이란 이가 있어 죄 없이 귀양 가게 되니 권수평이 대신

하여 몇 해 동안 그 땅에서 나는 것을 받아서 먹었다. 복장한이 사면되어 돌아오자 권수평은 평소에 서로 알지 못할 뿐 아니라 그 전조田租도 이미 강으로 조운했음에도 불구하고 조세 징수 장부租簿를 소매에 넣고 가서 돌려주었다. 복장한이 말하기를, "내가 벼슬을 빼앗겼을 때 그대가 비록 조세를 받아먹지 않았더라도 누군가는 받아 먹었을 것이다. 그대가 이제 나를 동정한다면 그 밭만 돌려주어도 족하거늘 어찌 전조까지 돌려주는가"라고 했다(《고려사》〈열전〉 권수평).

권수평의 사례에도 나타나 있는 것처럼 고려 정부는 개경에 사는 관리들의 편의를 위해 지방에서 징수한 전조를 운송해주었다. 권수평이 받아 먹었다는 소출은 아마도 복장한이 국가로부터 수조권을 받은 토지에서 생산된 곡물이었을 것이다. 따라서 권수평이 복장한에게 돌려주었다는 전조의 장부에는 수취자의 성명, 수조지의 결수와 소재지 등 인적·물적 사항이 기재되어 있었을 것이다. 또한 조운된 전조에도 역시 납부처와 납조자, 수납액 등이 표시되어 있었을 것이다. 그것을 확인할 수 있는 자료가 마도 1~3호선에서 출수된 목간이다.

마도 1호선에서 출수된 목간에는 '대장군 김순영 댁에 전출조 6석을 올림大將軍金純永宅上田出租陸石', 'ㅁㅁㅁ 댁에 회진현 전출조 1석을 올림. 15두를 넣음 ㅁㅁㅁ宅上會津縣田出租壹石入拾伍斗'라고 하여 명확히 조租라고 기록되어 있다. 이를 벼로 해석하는 것도 가능하지만《고려사》에 기록된 조租는 대부분 조세를 의미한다. 벼의 경우 조租보다는 도稻를 더 많이 썼다. 따라서 김순영 댁에 올린 조와 회진현에서 올린 조는 모두 조세일 가능성이 크다. 이 경우 정조와 조의 구분이 다소 문제가 될 수 있는데,《고려사》,《고려사절요》,《삼국사기》를 통틀어 벼를 조와 정조로 구분하여 표현한 예는 찾아보기 어렵다. 이를 까끄라기를 뗀 것과 그렇지 않은 것으로 나누는 것은 16세기 이후의 일이다. 그러므로 정조와 조는 모두 조세를 뜻하는 말로 보는 것이 맞지 않을까 생각된다.

《고려사》에서는 경정전시과 이후 산직자들에게 토지를 분급하지 않은 것으로 기록되어 있으나 인종 때 고려를 방문한 서긍이 쓴《고려도경》에는 "개경과 지방에서 녹을 받는 현직 관리는 3,000여 명이며, 녹은 없고 토지만을 받는 산관·동정이 또 1만 4,000여 명이다. 그 토지는 모두 지방에 있는데 전군佃軍이 경작하여 때가 되면 옮겨와 고루 지급한다"는 구절이 있다. 이를 통해 일부 산직자들은 경정전시과 이후에도 토지를 받았으며, 국가가 그것을 운송해주었음을 알 수 있다.

또한 서긍의 기록 중에는 "공전으로 국가 비용을 충당할 수 없으면, 부유한 백성에게서 공급받는다"라는 구절도 있다. 서긍의 기록을 신뢰한다면 관리들에게 지급할 녹봉의 부족분을 지방의 산물로 충당했을 가능성도 생각해볼 수 있다. 죽간에 토지의 면적이나 경작자의 이름 대신 산출지만 쓴 것도 그런 점에서 보면 이해가 된다.

끝으로 마도 1호선에서 출수된 유물 중 '회진현의 새로 개간한 땅에서 수확한 백미 24석會津縣畬白米入貳拾肆石'이라고 기록된 목간도 주목해서 봐야 할 중요한 자료이다.

우선 첫 자료의 '여畬'는 한자 자체가 개간한 지 2년 또는 3년이 되는 땅이라는 의미가 있다. 《고려사》 광종 24년(973년) 12월조에 따르면 개간한 땅이 사전이면 첫해에는 개간한 사람이 모두 갖고, 2년째부터는 토지 주인과 절반씩 나누게 했다. 반면 그것이 공전이면 3년을 기한으로 개간한 사람이 모두 갖고 4년째부터는 법에 따라 조세를 거두도록 했다. 또한 예종 6년(1111년) 8월에는 3년 이상 된 진전을 개간하면 2년 동안 수확한 것을 개간한 사람에게 모두 주고 3년째부터 전주田主와 반씩 나누도록 했다. 그리고 그것이 2년 된 진전이면 땅 주인과 소작인이 각각 4분의 1과 4분의 3으로 나누도록 하고, 1년 된 진전이면 땅 주인과 소작인이 3분의 1과 3분의 2로 나누어 갖도록 했다. 기록만 보면 1~2년 된 진전에 대한 조건이 더 좋아 보이지만 아마도 그것은 2년 동안만 그렇다는 것이고, 3년째부터는 3년 된 진전과 마찬가지로 수확물을 절반씩 나누었을 가능성이 크다.

특이한 점은 이 목간의 경우 다른 목간과 달리 산출지에 관한 정보만 있을 뿐 수신자가 없다는 것이다. 따라서 이 화물은 특정한 관리에게 가는 것이 아니라 국가에 내는 전세일 가능성이 크다. 용례가 많지 않아 더 이상의 추정은 어렵지만 마도 1호선은 국가의 창고로 들어가는 조세와 관리들에게 전달될 전세가 함께 적재된 국가 소유의 조운선이었을 것으로 생각한다. 마도 1호선에 실린 물자들은 사유지가 아니라 수조지에서 징수된 것이며, 그 물자들이 비록 개인에게 전달되는 물자이기는 하지만 공적 운송을 위해 개경으로 향하다가 침몰한 것으로 보는 것이 역시 타당해 보인다.

끝으로 태안 마도 1~3호선이 침몰한 시기가 대개 무신 집권기에 해당한다는 사실도 매우 흥미로운 사실이다. 목간에 따르면 선적된 물품 대다수는 대장군, 별장, 낭장, 견룡 등의 무인들이었다. 이 시기에 특별히 지방에서 중앙으로 올라가는 물자가 많아지면서 해난 사고가 잦아진 것인지, 무신 집권기 이후 하급 무관들의 수조지가 개경과는 멀리 떨어진 곳에 설정되면서 국가가 이들의 수조지에서 생산된 물자들을 운송해준 것인지 등 여러 가지 가능성을 상정해볼 수 있다. 좀 엉뚱한 상상이기는 하지만 이 시기에 무신들의 물자 수탈이 증가하면서 의도적인 파선이 늘어났을 수도 있다. 조선 시대의 경우에도 출발할 때부터 이미 세곡을 빼돌리고, 고의로 조운선을 침몰시킨 예가 종종 있었기 때문이다. 고려 시대에도 이와 유사한 일이 있었을 가능성은 충분하다.

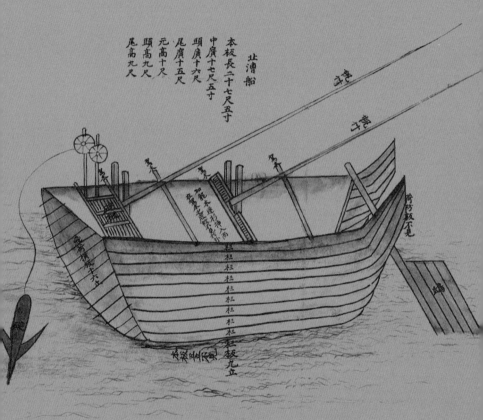

止漕船

本板長二十七尺五寸
中廣十七尺五寸
頭廣十六尺
尾廣十五尺
元高十尺
頭高九尺
尾高九尺

02

나라 살림의 버팀목,
고려의 조운제도

조운이란 무엇인가

전근대 시기의 조세는 화폐가 아니라 현물로 징수하는 것이 일반
적이었다. 보통은 벼와 콩으로 징수했는데, 가을걷이 후 해안이
나 강가에 설치된 조창에 보관하다가 강물이 녹기 시작하는 다음
해 2월이 되면 바다를 통해 운송하도록 했다. 이것을 고려~조선
시대에는 조운漕運, 조전漕轉 또는 조만漕輓이라고 했다. 19세기
초에 제작된 《만기요람》에는 '조세를 선박으로 운반하여 서울에
상납하는 것을 조漕라고 부른다'고 설명하고 있는데, 이는 조운의
의미를 가장 잘 표현한 것이라고 생각된다.

일찍부터 수레를 많이 사용한 중국의 경우 육지로 운송하는 것
을 조만 또는 조전이라 하고, 운하나 바다로 운송하는 것을 조운
이라고 했다. 그러나 대부분 배로 물자를 운송한 우리나라에서는
셋이 구분되지 않고 사용되었다. 경창에 직접 내는 지역의 경우

에는 달구지나 지게로 운송하고, 배가 닿는 곳에서는 배로 운송했으므로 둘을 아울러 칭하는 말로 조전이 더 적합하다고 판단했던 것 같기도 하다.

조운이 제도로 정비된 것은 중국 수·당 시기부터였다. 물론, 그전에도 조운이라는 말이 등장하기는 하지만 그것은 군사나 물자를 필요한 지역으로 옮기는 용어로 사용된 예가 많다. 고려에서 사용한 조세 운송을 의미하는 것보다는 훨씬 범위도 넓고, 물자의 종류도 다양했다. 우리나라의 경우 통일신라 시대에 조세를 경주까지 운송하다가 일본으로 난파된 사람들의 이야기가 일본 측 자료에 남아 있다. 그렇지만 그것만으로 신라 시대부터 조운이 시작되었다고 말하기는 어렵다. 흔히 조운이라고 하는 제도는 조창과 조운선, 감독관을 기본으로 국가에서 규정한 법규에 따라 조세를 운송하는 체계화된 운송 시스템을 일컫는 말이기 때문이다.

중국의 조운은 바다보다 내륙의 운하를 이용하는 것이 일반적이었다. 원대와 명대 등 일부 시기에 바다를 이용한 조운이 시행되기도 했으나 선박 침몰로 인한 손실이 많았다. 따라서 명대에는 바다로 조운하는 것을 책임지는 조건으로 소금의 운송과 판매권인 '염인鹽引'이라는 것을 지급하기도 했다. 이른바 '개중법開中法'이라는 것이 그것이다. 조운의 대가로 받은 소금의 판매권을 얻는 것은 당시 상인들에게 매우 큰 이권이었다. 그럼에도 해운이 중국 조운의 중심이 되지 못한 것은 이동거리가 길고, 해안마다 자연환경이 달라서 바닷길을 이용한 운송이 쉽지 않았던 데에 원인이 있었다.

그런 점에서 고려의 조운은 자국의 지리적 특성과 형편을 잘 고려하여 만든 최적의 운송 시스템이었고 평가할 수 있다. 그것은 또한 고려 건국 이후 14세기 중반 무렵까지 고려의 바다가 평화로웠기 때문에 가능한 일이기도 했다. 고려에서 기초를 마련한 조운제도는 고려 말 왜구 침략으로 잠시 동요된 시기도 있었지만, 곧 재개되어 조선 건국 이후에도 계속 이어졌다.

12개 조창에서 13개 조창으로

조운에 관한 가장 오래된 기록은 《고려사》 식화지 조운조 서문의 "국초國初 해군海郡에 12개의 조창을 설치했다"는 구절이다. 이를 일컬어 보통 12조창이라고 한다. 이후 문종 때 장연에 안란창이 설치되면서 고려의 조창은 총 13개가 되었다. 13조창의 도별 분포를 보면 현재의 행정구역을 기준으로 경상도 2개소, 전라도 6개소, 충청도 3개소, 강원도 1개소, 황해도 1개소가 된다. 13개 조창 중 절반 가까이가 전라도에 있었다는 점이 인상적이다. 그것은 전라도의 산물이 많은 것도 원인이지만 경상도의 뱃길이 너무 멀고 험했기 때문이기도 하다. 경상도 북부 지역은 남해로 운송하는 것보다 하늘재나 죽령을 넘어 남한강으로 운송하는 것이 안전했다.

지금 우리는 곡창지대라고 하면 가장 먼저 호남을 떠올리지만,
《세종실록》 지리지가 편찬된 15세기만 해도 농지 면적은 경상도
가 많았다.

〈표 1〉《세종실록》 지리지 속 8도의 인구와 토지 결수[*]

도	인구	토지 결수
경기도	50,352명	20,347결
충청도	100,790명	236,300결
경상도	173,759명	301,147결
전라도	94,248명	277,588결
강원도	29,009명	65,916결
황해도	71,897명	104,072결
평안도	105,444명	308,751결
함길도	66,978명	130,413결

〈표 1〉에서 확인되는 것처럼 8도 중 인구가 가장 많았던 곳은
경상도이고, 평안도, 충청도, 전라도 등이 뒤를 잇는다. 이들 도시
중 인구 10만이 넘는 곳은 경상, 평안, 충청 3개 도 뿐이다. 토지
의 면적도 평안도가 가장 많았고, 경상도와 전라도 등이 다음이
었다.

* 한양과 개성의 인구, 토지 면적은 제외한 것이다. 경기, 함길도 등지에는 논과
  밭의 비율을 나누어 기록했으나 대부분은 구분하지 않았다. 〈표 1〉에서는 논밭
  의 비율은 따로 구분하여 적지 않았다. 《세종실록》 지리지 속의 인구와 토지 면
  적에 대해서는 오류나 누락의 가능성을 제기하는 연구자들도 있다.

그것은 고려 말 왜구의 침입으로 해안가 농지가 황폐해진 탓도 있지만, 당시의 농업 방식이 지금과 다른 데에도 원인이 있다. 고려 시대의 논과 밭은 평지보다 산등성이에 더 많았다. 그래서 《고려도경》에서 서긍은 "고려의 농토는 산간에 많이 있는데 멀리서 바라보면 사다리나 층계와도 같다"라고 기록했다. 수리시설이 발전하지 못하고, 물 조절이 어려웠던 시기에는 평지보다 계곡의 논이나 밭이 더 좋게 여겨졌다고 한다. 지금도 남아 있는 상주 낙동면 용포리 다랑논, 남해 가천 다랭이논, 함양 마천 다락논 등이 아마도 그 흔적이 아닐까 싶다.

따라서 전라도의 조창 6개에서 거둔 조세 못지않은 양이 경상도에서도 징수되었을 것이다. 그중 경상도 남부 지역 일부만 바닷가에 설치된 2개의 조창(합포의 석두창, 사주의 통양창)으로 조세를 납부하고, 다른 지역은 낙동강이나 육로를 이용하여 북쪽으로 올라가 충주 덕흥창에 납부했다. 고려 후기에는 이들 지역의 편의를 위해 조세를 옷감으로 바꾸어 납부하게 하는 조치를 시행하기도 했다.

조창은 전라도에 집중, 경상도는 주로 육로에 의존

조선 역시 고려의 예에 따라 경상도 북부 지역은 육로로 운송하도록 했다. 1402년(태종 2)에는 경상도에 조운선 115척을 지어 그것으로 조운하도록 했다. 그러나 이듬해인 1403년(태종3) 5월 5일에 경상도 조운선 34척이 침몰하는 사건이 발생했다. 이 사건으로 곡식 1만여 석이 바다에 잠기고, 1,000명이 익사했다. 그중 살아 남은 사람이 있어 수군만호가 붙들고 물었더니 그는 "차라리 도 망가 머리를 깎아서 이 고된 역에서 벗어나려 한다"고 대답했다 고 한다. 소식을 전해들은 태종은 "쌀은 비록 많더라도 아까울 것 이 없지만, 사람 죽은 것이 대단히 불쌍하다. 그 처자의 마음이 어 떻겠는가. 그들이 고통을 견디지 못하고 도망하는 것도 당연하 다"라고 하며 경상도의 조운을 폐지했다. 이후 조선 후기에 삼조 창三漕倉* 이 설치될 때까지 경상도 조운은 대개 육로를 이용했다. 따라서 이들 지역에는 조세와는 별도로 삼가三價(짐꾼, 말, 배로 운송 하는 비용)의 부담이 있었다고 한다.

한편, 13개의 조창 중 11개는 바닷가에 설치되었고, 충주의 덕 흥창과 원주의 흥원창은 남한강 상류에 설치되었다. 조창이 들어 선 곳은 대부분 유사한 지형조건을 갖추고 있다. 먼저, 바닷가에 설치된 조창은 큰 강이 바다와 만나는 지점에서 조금 더 상류로 올라와 작은 하천이 강에 합류하는 지점에 있다. 그중에서도 창 이 설치된 곳은 나지막한 산이 '∩'와 같은 지형을 이룬 곳이다.

이러한 지점을 선호한 이유는 바다에서 강을 따라 올라오는 조 수를 이용하면서도 바닷물이나 큰바람의 직접적인 영향을 받지

* 1760년(영조 36)에 설치된 진주 가산창과 창원 마산창, 1765년(영조 41)에 설치된 밀양의 삼랑창을 일컫는다.

않기 위함이었던 것으로 보인다. 조수를 이용하여 출입을 쉽게 하고, 조수가 빠지면 바닥에 내려앉아야 화물을 적재하기 편리했기 때문이다. 파도에 배가 흔들리는 상태에서는 화물을 싣고 내리는 것이 쉽지 않았을 것이다. 조창 터로 파악된 아주 하양창, 영광 부용창, 임피 진성창 등은 공통적으로 대개 이와 같은 조건을 갖춘 곳에 자리 잡고 있다.

예컨대 하양창은 안성천의 하류 둔포천이 안성천에 합류하는 지점의 망해산 기슭에 있고, 영광 부용창은 와탄천 하류와 작은 하천이 연결된 대덕산 기슭에 있다. 진성창은 금강 하류에서 약간 내륙으로 들어간 곳의 대명산과 망경산 사이에 있다.

강가에 설치된 조창은 강물이 육지 쪽으로 깊숙이 들어온 곳이나 강물이 넓게 굽어지는 곳의 안쪽, 그리고 작은 강이 큰 강에 합류하는 지점에 들어섰다. 충주 덕흥창의 경우 달천이 남한강으로 흘러드는 곳에 자리 잡았고, 원주 흥원창은 섬강이 남한강으로 흘러드는 지점에 자리 잡았다. 작은 하천이 큰 하천으로 합류하는 지점을 선호한 것은 가뭄에 물이 말라 배가 움직이기 어려워지는 것을 피하기 위한 이유 때문이었을 것이다. 또한 강물이 육지 쪽으로 팬 곳이나 굽어지는 곳의 안쪽을 선호한 것은 강바람과 파도의 영향을 덜 받기 위함이었을 것이다. 강가에 오래 살았던 사람들의 이야기에 따르면 강에도 봄철에는 바람이 제법 세게 불고 파도가 치는데, 조금이라도 움푹 들어간 지형이 있으면 그곳은 바람과 파도를 피할 수 있다고 한다. 조운선이 출항하던 시기가 이른 봄이었으므로 조창 사람들은 조운선이 안전하게 정박할 수 있는 곳을 찾아 포구와 조창을 설치했던 것이다.

《고려사》에는 고려 건국 초에 조창제가 시작되었다고는 하지만 건국과 동시에 조창이 들어선 것은 아니었다. 992년(성종 11)에는 각 포구를 장악한 호족들에게 수경가輸京價*를 지정하고 포구의 명칭을 개정했다. 수경가는 이동거리와 항해의 난이도에 따라 선주에게 6두당 1석**에서 23두에 1석씩 지급했는데, 그것은 결코 적은 양이라고 할 수 없었다. 그래서 1040년(정종 6)에 이르러 해창에는 1,000석을 실을 수 있는 초마선哨馬船을 6척씩 배치하고, 강에 있었던 덕흥창과 흥원창의 경우에는 200석을 실을 수 있는 평저선平底船을 각각 20척과 21척 배치했다.

초마선은 연안을 따라 이동하는 해선으로 바닥이 넓고 앞뒤 길이가 짧았던 반면, 평저선은 폭이 좁고 앞뒤 길이가 길었다. 특히 평저선은 강을 따라 이동해야 했기 때문에 가볍고 날렵했다. 여울을 만나거나 강줄기가 좁아진 곳을 통과하려면 날렵한 형태가 유리했기 때문이다. 강가에는 배가 모래 턱을 지나지 못할 때 물길을 만들어주거나 배를 끌어주고 품값을 받는 견부牽夫라는 사

---

* 해당 지역에서 서울까지 배로 운송하는 비용.
** 석石은 쌀이나 콩과 같은 곡물을 담는 용기이자 용량을 일컫는 도량형이다. 쌀 10되를 1말이라 하고, 10말이나 15말을 1석이라 한다. 짚을 엮어 만들었으며, 우리말은 '섬'이다. 일제강점기에 일본인들이 촘촘하게 돗자리처럼 짜서 만든 가마니를 들여와 사용하면서 섬은 사라지고 가마니만 사용하게 되었다.

람들도 있었다. 조선 건국 이후 평저선은 참선站船으로, 초마선은 조선漕船으로 개칭되었으며, 규모도 이전보다 커졌다.

고려 전기의 1석은 약 51킬로그램으로 조선 시대보다는 부피가 작았다. 고려 시대의 도량형은 13세기 후반에 원의 도량형이 들어오면서 양이 두 배로 늘어났다가 조선 세종 때 약 85.9킬로그램으로 통일되었다. 이를 기준으로 살펴보면 고려 시대 조창의 조운선은 1척당 약 51톤 정도의 조세를 싣고 개경으로 향했으며, 해창의 경우 한 개의 조창에서 6척씩 출발했으므로 한 번에 7만 4,200석의 곡식을 나를 수 있었을 것이다. 그러나 바닷가의 조창마다 6척의 조운선을 두었다는 《고려사》의 기록은 정종 때 국가가 제작한 조운선을 처음 배치한 사실을 전하는 것이다. 그 후에도 계속 6척을 유지하고 있었는지, 아니면 더 늘어나거나 줄어들었는지는 알 수 없다.

고려 수도 개경에는 좌창左倉·우창右倉과 용문창龍門倉 및 운흥창雲興倉 등이 있었다. 좌창은 관리들의 녹봉을 보관했고, 우창은 나라의 재정을 관리했다. 좌창에서 녹봉으로 지급한 양은 문종 시기를 기준으로 13만 9,736석 13두나 되었으며, 우창의 재정 규모 역시 좌창과 같았다고 한다. 따라서 용문창과 운흥창에서 거둬들인 세금까지 합치면 30만 석을 웃돌았을 것이다. 해마다 조운 시기가 되면 사방에서 몰려오는 조운선으로 예성강은 번잡했을 것이고, 그것을 수납하는 관리들과 개경으로 옮겨가는 수레들로 북새통을 이루었을 것이다.

12세기 이후부터 서서히 동요된 조운제도는 몽골 침입 시기를 겪으면서 많은 변화를 겪었다. 13개의 조창을 중심으로 조세를 운송하던 제도가 흔들리면서 서서히 군현별 조운제도가 나타났다. 군현별 조운제도란 각 군현이 소속된 조창에 내던 방식 대신 군현별로 조운선을 마련하여 각 군현의 조세를 스스로 내는 제도를 일컫는다.

왜구의 약탈에 흔들린 후기 조운제도

고려 후기 조운의 가장 큰 어려움은 왜구의 침입이었다. 고려의 조운제도가 여러 차례의 어려움을 겪으면서도 유지될 수 있었던 것은 수적이나 해적이 위협적이지 않기 때문이었다. 고려 초중기에 동해 해적의 침입이 없었던 것은 아니지만 고려의 군대가 우수한 전함과 전술로 격퇴했기 때문에 조운에 위험이 될 정도는 아니었다. 그러나 왜구의 침입은 달랐다.

고려 시대 왜구를 오랫동안 연구해온 한국방송통신대학교 이영 교수의 연구에 따르면, 당시의 왜구는 단순히 노략질하는 잔도둑이 아니라 일본 남조南朝의 정예군이었다고 한다. 당시 일본은 천황이 두 명 등장하여 서로 정통성을 주장하는 남북조 시대였는데, 이때 남조의 정규군이 북조와의 항전에 대비해 식량과 포로를 획득하기 위해 대규모 공격을 벌였다는 것이다. 그런 관점에서 보면 1380년 진포에 500척이나 되는 배가 한 번에 나타난 것도 이해가 된다. 만약 정치 권력이나 조직력을 갖추지 못했다면 500척이 한 번에 출동하기란 쉽지 않았을 것이다.

왜구 침입이 날이 갈수록 심해지자 우왕은 1376년(우왕 2)부터 조운을 금지했다. 그동안 왜구는 바다를 지나는 조운선을 탈취하고, 민간인들을 잡아갔는데, 조운이 금지되자 왜구들은 내륙까지 침입하여 살육과 약탈을 일삼았다. 왜구들은 공포 전술과 기만술 등을 서슴지 않고 구사했다. 어린 여자아이를 죽여서 제물 삼아 제사를 지내는가 하면, 농사짓는 고려 농민으로 변장하여 거짓말로 관군을 속이고 역습하기도 했다. 《삼강행실도》에 실린 열녀들의 대부분은 고려 말 조선 초에 왜구에 끝까지 저항하거나 피하다가 목숨을 잃은 여성들이다.

고려의 조운이 재개된 것은 1388년 위화도 회군 이후이다. 이성계는 고려 왕실의 종친인 왕강王康을 시켜 각 도의 조세를 배로 실어오게 했다. 왕강은 수차례 조운에 성공한 까닭에 오랫동안 이성계의 신임을 얻었다. 그러나 왕씨들이 살해될 때 공주로 귀양 갔다가 그 후 종적을 감추었다. 아마도 다른 왕씨들과 마찬가지로 목숨을 잃은 듯하다.

||| 2 |||
조운을 통해
운송된 물자들

조운을 통해 운송되는 물자는 곡류로부터 부식류, 도자기, 옷감, 약재까지 매우 다양했다. 그중에서 가장 많은 양을 차지하는 것은 조세로 징수한 곡류였다. 당시 개경의 관리들에게 보낸 곡류로는 도정하지 않은 벼를 비롯하여 깨끗하게 도정한 백미, 현미쯤에 해당하는 중미, 조, 콩, 피, 메밀 등이 있었다.

농민들이 쌀을 납부했는지, 벼를 납부했는지에 대해서는 연구자들에 따라 견해가 좀 다르지만 서긍의 《고려도경》에는 우창과 풍저창에 쌓인 곡식이 쌀(미米)이라고 기록되어 있다. 볏짚을 엮어서 섬을 만들고, 그 안에 쌀을 1석씩 담아 보관했는데, 밀폐된 공간이 아니라 통풍이 되도록 두었기 때문에 오래 보관해도 햅쌀 같았다는 것이다. 그러나 서긍의 기록처럼 그것이 쌀이었다면 도정된 상태로 2~3년 동안이나 보관할 수 있었을지 의문이다. 또한 벼가 아니라 쌀로 조세를 내야 했다면 농민들의 도정 부담도 만만치 않았을 것이다. 따라서 급하게 소비할 것은 도정을 하고, 오래 보관할 것은 벼로 납부했을 가능성이 크다.

실제로 고려 선박과 함께 출수된 벼는 대개 껍질이 있는 상태였다. 본래는 도정한 쌀과 벼가 함께 실려 있었던 것 같은데, 쌀은 모두 썩고, 껍질만 남게 된 것으로 보인다. 잘 알려진 것처럼 쌀은 크게 두 종류로 분류된다. 하나는 동남아시아에서 많이 재배되는 인디카종이고, 다른 하나는 한국과 일본에서 많이 재배되는 자포니카종이다. 인디카종은 알이 길쭉하고 찰기가 덜하지만, 자포니카종은 알이 통통하며 인디카종보다 더 찰지고 단맛이 강하다. 고려 선박에서 출수된 벼는 현재 우리가 먹는 자포니카종에 가깝고, 크기는 조금 더 작은 것으로 밝혀졌다.

쌀과 함께 여러 잡곡이 운송된 것을 보면 당시 쌀밥보다는 잡곡밥을 더 많이 먹었던 것으로 보인다. 또한 목간에 적힌 쌀이 대부분 전출로 적힌 것을 보면 논보다는 밭에서 재배하는 벼가 더 많았던 것 같다. 조선 시대에도 밭에 심는 벼가 많았다. 그것을 산도山稻 또는 육도陸稻라고 쓰고, 우리말로는 밭벼라고 불렀다. 밭벼는 20~30년 전만 해도 흔히 재배된 작물이었다. 지금도 산간지역에서는 밭에 찰벼를 심어 먹는다. 마도 선박과 함께 출수된 목간에 쓰인 쌀과 콩의 생산처는 대부분 '전출'이라고 되어 있다. 답출畓出(논에서 생산됨)이라고 쓴 목간은 1~2점에 지나지 않는다.

콩은 두豆와 태太를 함께 쓰고 있어 둘이 다른 것인지, 같은 것

　　　　　　　　　　　바다에서 발굴한 고려사 　─●

을 다르게 쓴 것인지 혼란스럽다. 그러나 정약용은 《경세유표》에서 '태는 대두의 이두[大豆吏文謂之太]'이며, '대두는 콩, 소두는 팥'이라고 했다. 따라서 목간에 쓰인 태는 콩, 두는 팥으로 보는 것이 타당해 보인다. 두라고 쓴 목간은 마도 1호선에서만 출수되었다. 마도 1호선 목간 중 콩류를 기록한 것은 총 6개였는데, 그중 태太라고 쓴 것은 5개, 두豆라고 쓴 것은 1개였다.

다만 특이한 점은 콩이 콩깍지 채로 실려 있었다는 점이다. 분석 결과에 따르면 마도 1호선에 실린 콩은 현재에도 콩나물용으로 재배하는 '풍산나물콩'이라는 종과 유사하다고 한다. 풍산나물콩은 메주용으로 재배되는 장원콩이나 건강식으로 인기 있는 서리태보다는 알이 작다.

콩·팥·보리보다 대우받았던 피

쌀과 콩 외의 곡물로는 조와 피가 있다. 피의 재배 여부에 대해서는 잘 알려지지 않지만, 정약용은 밭에 심는 작물 중 좋은 것을 밭벼(산도山稻), 메조(황량黃粱), 기장(제서諸黍), 피(제직諸稷), 강냉이(촉서蜀黍), 콩(대두大豆), 팥(소두小豆), 보리(대맥大麥), 밀(소맥小麥) 순으로 나열하고 있다. 조선 후기까지도 피는 쌀이나 조보다는 못하지만 콩, 팥, 녹두, 보리보다는 좋은 작물로 인식되고 있었던 것으로 보인다.

또한 화물 중에는 메주(말장末醬)를 비롯하여 게장, 고등어 젓갈,

[그림 13]

〈태화하강도太華下江圖〉

전傳 김홍도(조선).

조선 후기 곡식을 운송하는
선박을 그린 그림이다.
배 안에는 곡식이 잔뜩 쌓여 있고,
그 위에는 비와 이슬을 가리기 위해
짚으로 엮어 만든 뜸을 얹었다.
닻줄을 물레로 내리는 모습을
실감나게 표현했다.
* 소장처: 국립중앙박물관.

잡어 젓갈과 같은 부식류와 옷감, 홍합 족사足絲, 물고기 기름(어유魚油)와 같은 생활용품도 있다. 이들 물품에 대해서는 전세가 아니라 선물로 보는 견해가 많지만, 다음 자료를 보면 부식류 역시 다른 곡물들과 함께 전세를 다른 물자로 대체하여 징수했을 가능성도 있다고 생각된다.

전조前朝(고려) 때의 전제가 도내의 땅은 사대부의 구분전 외에는 대개가 공전이었으며, 사전은 모두 하도에 두었습니다. 그것은 공전의 조세는 반드시 백성들의 힘을 이용하여 수송하는데 경기는 쉽고 하도는 어렵기 때문입니다. 만약 그것이 사전이라면 비록 하도에 있더라도 그 전주는 각자 임의대로 그 잡물을 징수할 것이므로 전객佃客은 수송하는 폐단이 없고, 전주 또한 무역의 번거로움이 없습니다《태종실록》 권5, 3년 6월 6일 임자).

이처럼 고려 시대 관리들은 국가로부터 받은 수조지(사전私田)에서 조세를 쌀이 아닌 다른 품목으로도 징수하여 운송할 수 있었다. 실제로 이를 입증하는 목간들이 마도 3호선에서 출수되기도 했다. 전출田出을 대신해서 전복 젓갈과 꿩 세 마리, 또는 생전복을 바친다고 쓰여진 목간이 그것이다.

홍합도 즐겨 먹은 듯

목간에는 담해蚝醢, 건담乾蚝, 소담小蚝 등도 기록되어 있다. 자전字典에 따르면 담蚝의 본래 뜻은 '짐승이 혀를 빼문 모양'이라고 한다. 그러나 조선 후기에 발간된 《유합類合》에서는 담蚝이 조개라는 의미로 소개되어 있다. 《자산어보》에도 홍합이 담채淡菜라고 기록되어 있는 것을 보면 고려 시대에 담蚝이라고 썼다가 조선 시대에 오면서 담淡으로 쓴 것 같다. 따라서 담해, 건담, 소담은 각각 홍합 젓갈, 마른 홍합, 작은 홍합을 의미하는 것으로 보인다.

《자산어보》에는 소담채, 적담채 등도 소개되어 있는데, 그중 소담채는 길이가 세 치에 불과하지만 홍합을 닮아 길며, 안이 매우 넓어서 살코기가 많아 맛이 뛰어나다고 되어 있다. 마도 3호선 목간에 기록된 소담은 소담채를 의미하는 것일 것이다. 이를 통해 당시 사람들도 홍합을 종류에 따라 구분하고 있었음이 확인된다.

홍합의 다른 이름으로는 담채 외에도 담치, 각채殼菜, 동해부인東海夫人, 섭 등이 있다. 담치는 담채의 경상도 방언이다. 조개 이름이 담채가 된 것은 바다에서 나는 다른 조개들과 달리 맛이 슴슴하기 때문이라고 한다. 홍합 중에는 살이 흰 것도 있고, 붉은 것도 있다. 그중 붉은 것은 암컷이고, 흰 것은 수컷이다.

마도 3호선 목간을 보면 홍합은 주로 말리거나 소금에 절인 형태로 도기에 담겨 운송되었다. 마른 것의 경우 1석씩이나 담은 것도 있었다. 《자산어보》에서는 홍합의 맛이 감미로워 국을 끓여도 좋고, 젓갈을 담가도 좋지만 가장 좋은 것은 말린 것이라고 했다. 고려 사람들도 마른 홍합을 즐겨 먹은 것 같다.

족사足絲는 홍합이 파도로부터 떠내려가지 않고 바위나 나무에 붙어 있기 위해 뻗은 실처럼 생긴 섬유질인데,《자산어보》에는 "수염을 뽑다가 잘못해서 피가 그치지 않는 사람들은 족사를 태워서 바르면 신통한 효험을 본다"라고 기록되어 있다. 최근 뉴스에서 홍합 족사를 이용하여 찔러도 피가 나지 않는 주삿바늘과 항균성 바이오 필름을 발명했다는 소식을 들은 적이 있다. 아마 고려시대 사람들도 비슷한 효과를 알고 지혈제로 사용했을 것으로 생각된다.

전복도 홍합 못지않게 많이 운송된 물품 중의 하나였다. 마도 3호선에서는 '[앞면] 신윤화 시랑 댁에 올림. [뒷면] 생전복으로 담근 젓갈 한 항아리'와 같이 수신자가 명확한 목간과 수취인 부분이 유실되고 '생전복 4항아리', '전복 젓갈'이라는 글자만 남은 목간이 발견되기도 했다. 신문기사를 찾아보니 전복의 육상 양식에 처음 성공한 것이 1993년 1월 하순 무렵이라고 한다. 전복 양식이 성공하기 전까지 전복은 해녀들이 바닷속에서 채취해야 하는 매우 귀한 해산물이었다. 정약용의 《목민심서》 절용편에는 고려 시대 관리(실제로는 세종~세조 시기의 인물) 기건奇虔(?~1460)이 제주 안무사가 되었는데 백성들이 전복 채취하는 것을 매우 괴로워하는 것을 보고는 "백성들이 이처럼 괴로워하는데 내가 차마 어떻게 먹겠는가"라며 3년 임기 동안 전복을 먹지 않았다고 하는 이야기가 소개되어 있다.

또한 마도 3호선에서는 '도관都官에 포 15필을 올린다', '포 10 필을 올린다'라는 내용이 적힌 목간과 옷감 뭉치가 출수되기도 했다. 도관은 노비 문서와 재판을 담당했던 형부 산하의 부서로 문종 때에는 상서도관尙書都官이라고도 불렸다. 16세기에 제작된 《문화유씨가정보文化柳氏嘉靖譜》에는 무오정변(최씨 무신정권의 마지막 집정자 최의를 제거한 사건)으로 공을 세운 김인준(김준), 김승준, 유경 등에게 노비를 내려준 '상서도관첩尙書都官貼'이 전재되어 있다. 마도 3호선의 적재물 중에 김준에게 운송되는 물자와 도관으로 운송되는 물품이 섞여 있다는 점이 흥미롭다.

옷감이 출수된 곳은 선원들의 부엌인 투시칸 인근이었다. 또한 그 인근에서는 옷감의 종류를 먹으로 꼬막 껍질에 쓴 묵서명이 발견되기도 했다. 꼬막 껍질에 쓴 글씨는 초서인 데다가 일부가 훼손되어 해독이 어렵지만 '남마포藍麻布'로 읽힌다. 일부 글자는 '주紬', '저紵', '시絁' 등으로 읽히기도 한다. 주는 누에실로 만든 비단, 저는 모시, 시는 품질 좋은 베를 의미한다. 그중에서도 쪽빛으로 염색한 옷감은 굉장히 귀하게 취급된 것 같다. 덩어리처럼 굳어진 옷감의 바깥을 짚으로 곱게 짠 자리로 포장한 흔적이 발견되었기 때문이다.

《고려사절요》에는 1257년(고종 37)에 최항이 교정도감의 공문으로 청주의 설면자雪綿子, 안동의 진사眞絲, 경산부의 황마포黃麻布, 해양(지금의 여수 일대)의 백저포白紵布 등의 공물을 면제시켜주었다는 기록이 있다. 이를 통해 여수의 특산물 중에 저포가 있었음이 확인된다. 또한 《고려도경》에서 서긍은 고려에서는 제일 좋은 베를 시紵라 하는데, 깨끗하고 희기가 옥과 같고 폭이 좁다고 소개했다.

실제로 마도 3호선에서 출수된 직물의 성분을 분석해 보니 배에 실린 옷감은 식물성 재료 또는 누에 실로 만든 중질의 명주明紬로 확인되었다. 명주는 누에고치에서 얻은 섬유로 짠 옷감을 일컫는다. 삼국 시대에는 주紬라고 했고, 고려 시대에는 주紬 또는 면주綿紬라고 했다. 명주의 너비는 약 35센티미터 내외이며, 1폭은 16~20센티미터 정도이다.

끝으로 화물 중에는 적지 않은 양의 물고기 기름(어유魚油)도 있었다. 어유는 등유가 들어오기 전까지 등잔용으로 가장 많이 사용된 기름이었다. 보통 정어리기름이나 명태의 창자 기름, 상어 기름 등으로 만들었는데, 불을 밝히면 비린내가 났기 때문에 형편이 좀 나은 집에서는 피마자기름이나 들기름을 쓰기도 했다. 어유 등잔 밑에서 공부를 하거나 바느질을 오래 하고 나면 콧구멍에서 까만 그을음이 생겼다는 이야기가 전한다. 서긍의 《고려도경》에도 "섬과 주군의 정자와 관사에서는 모두 뜰 가운데 홰를 묶어 불을 밝혔다"라는 구절이 있다. 이때 사용한 기름도 어유였을 것이다.

이처럼 고려 정부와 개경의 관리들은 지방에서 나는 생산물을 쉴 새 없이 수도로 실어왔다. 무신정권이 1232년에 강도로 천도한 후 1270년에 개경으로 환도할 때까지 39년이나 강도에서 몽골에 저항할 수 있었던 것도 삼남에서 강도로 이어지는 뱃길이 보존 되었기 때문이다. 이 시기 강화도의 모습은 고려 중기의 문인 최 자가 지은 〈삼도부三都賦〉에 잘 나타나 있다.

장삿배와 조공선이 만 리에 돛을 이어
묵직한 배 북쪽으로 가벼운 돛대 남쪽으로
돛대머리 서로 잇고 뱃고물이 맞물려서
바람편 순식간에 팔방 사람 모여드니
산해의 진미를 안 실어오는 물건 없네
옥 같은 쌀을 찧어 만 섬을 쌓아 우뚝하고
주옥이며 모피를 싸고 꾸린 것 사방에서 모여와 가득하다

고려의 대몽항쟁 기간은 연구자들에 따라 30년에서 40년까지 다양하게 설정되지만, 그 기간 내내 전쟁이 지속된 것은 아니었 다. 몽골의 고려 침입은 고려를 정복하기 위한 목적도 있었지만 또 한편으로는 고려가 남송이나 일본과 연합하는 것을 막는 데에 도 있었다. 따라서 몽골은 고려를 맹렬히 공격했다가 홀연 군사 를 되돌리곤 했다. 고려 농민들은 몽골의 침입을 피해 산성이나 섬으로 집단으로 이주하여 몽골에 맞서면서도 틈틈이 생업에 종 사하지 않을 수 없었다. 그렇게 농사짓고, 물질을 하여 마련한 곡 물과 어물이 배에 실려 강도로 보내졌던 것이다.

||| 3 |||
조창 사람들의 삶

우리나라 지명 중에는 유독 '창倉'이라는 말이 들어간 곳이 많다. 창말, 창동, 창촌, 해창, 창포, 사창 등이 대표적이다. 서울에는 광흥창과 염창이라는 지하철역도 있다. 이들은 대개 고려~조선 시대 창고가 있었던 곳이다. 광흥창은 고려~조선 시대에 관리들의 녹봉에 관한 일을 맡아보던 관청이고, 염창은 소금을 보관하던 창고이다. 따라서 조세를 실은 배는 광흥창, 소금을 실은 배는 염창에서 짐을 내렸을 것이다. 고려 시대 또한 마찬가지였다. 고려에는 동강과 서강이 있어 조운선이 모두 그곳으로 모였다. 충주 일대에서 남한강을 따라 내려온 곡식은 동강(임진강)으로, 서남해 지역에서 올라온 조운선은 서강(예성강)의 광흥창에 짐을 풀었다.

고려 시대의 조창은 판관이라는 관리가 파견된 독립적인 행정 구역이었다. 판관 밑에는 실무 행정을 맡아보는 색리色吏(서리)가 있었고, 배의 운항을 책임지는 사공, 그리고 노를 젓거나 화물을 싣고 내리는 격군 또는 수수水手가 있었다.

지금의 평택에 있었던 아주 하양창이 고려 말에 경양현(경양면)이 되고, 서산에 있었던 부성의 영풍창이 조선 시대에 영풍창면이 된 사례를 통해 보면, 고려 시대 조창은 조선 시대 면面 정도의 크기였던 것으로 보인다. 우연의 일치일지 모르지만 조선 시대 경양면과 영풍창면은 모두 4개의 리里로 구성되어 있었다. 따라서 고려 시대 조창 역시 4개 정도의 촌락으로 구성되어 있지 않았을까 생각된다.

18세기에 제작된 《여지도서》를 기준으로 보면 영풍창면에는 189호가 살았다. 면의 인구는 499명(남 256명, 여 243명)인데, 공교롭게도 신라 촌락문서에 기록된 4개 촌의 인구 또한 462명(남 204명, 여 258명)이었다. 이러한 사실을 종합하면 고려 시대 조창의 인구도 그와 유사하거나 다소 적었을 것으로 보인다. 그것은 조운선에 승선한 사람의 수로도 추정이 가능하다. 마도 1호선에서 출수된 숟가락의 수는 총 13점이었다. 《고려사》에 따르면 해변에 설치된 조창에는 6척의 조운선이 있었다고 한다. 따라서 조창에 소속된 조운선 6척이 한 번에 출항할 경우 80명 정도가 동원되었을 것이다. 이들을 16~60세까지에 해당하는 정丁의 수로 보고, 여성의 수도 비슷하다고 산정한다면 정에 해당하는 남녀는 160명 정도가 된다. 조선 시대의 경우 여성과 노약자의 수는 대개 남녀를 더한 수와 비슷하거나 많았다. 고려 시대 역시 유사하다고 본다면 조창

바다에서 발굴한 고려사 ──●

의 전체 인구는 320~350명 정도로 추정할 수 있다.

고려 조창의 모습을
그대로 간직한 진성창 터

고려 시대 조창의 구조는 임피 진성창 터를 통해 대략적인 파악이 가능하다. 진성창이 있었던 곳은 전북 군산시 성산면 창오리 창안 마을로 추정된다. 진성창이라는 지명에서도 확인되는 것처럼 마을 전체가 성안에 들어서 있다. 마을 뒤쪽으로는 대명산과 망경산이 자연적으로 ∩자형의 성을 이루었고, 앞쪽의 트인 부분은 인공적으로 성을 쌓았다. 성을 쌓은 지점의 양 끝에는 마을로 진입하는 동·서문 터가 있다.

성안의 농경지에서는 고려 시대 기와 조각이 쉽게 목격된다. 또한 마을 안에는 창텃골, 성뜰, 성밑, 부처당이 등의 지명이 남아 있다. 창텃골은 조창이 있었던 곳이고, 성뜰은 미곡을 받고 계량하는 창마당이 있었던 곳이다. 부처당이는 부처를 모셔놓았던 곳이다. 그곳에 모셔놓았던 것으로 보이는 고려 시대 불상이 지금도 창안 마을에 남아 있다. 본래는 머리가 사라진 채로 땅속에 묻혀 있었던 것을 마을의 무녀가 찾아내어 신체로 모셨다는 말이 전한다. 불상의 본체는 돌기둥처럼 투박하고, 머리는 새로 조성하여 본래의 몸체와 비례가 맞지 않는다. 곳곳에 보수한 흔적이 역력하지만 진성창 사람들이 항해를 떠날 때 기도하던 불상으로 보기에는 손색이 없다.

현재의 지형으로는 진성창 터가 금강으로부터 멀리 떨어져 있다. 그런 까닭에 일부 연구자들은 그것이 본래의 진성창이 아니라 공민왕 7년에 왜구를 피해 옮겨간 새로운 진성창이라고 보기도 한다. 그러나 창안마을을 새로운 진성창 터로 보기에는 금강과 너무 가깝다. 마을 앞을 막고 있는 축성 터도 왜구에 대비하여 쌓은 것이라고 보기에는 너무 엉성하다. 게다가 마을 사람들이 전해준 이야기에 따르면 불과 30~40년 전만 해도 창안마을 근처까지 금강을 따라 바닷물이 들어왔다고 한다. 그러한 사실을 보여주는 지명으로 뱃자너머, 말매 등도 있다. 뱃자너머는 배를 묶어놓았던 곳 또는 그 건너편이라고 하고, 말매는 짐을 나르는 말과 소를 묶어놓았던 곳이라 한다.

창오리 뒤쪽에는 도암리라는 마을이 있는데, 도암리에도 창감, 창암과 같은 지명이 있다. 두 마을은 창안마을 북쪽으로 난 외길을 통해 연결된다. 이러한 사실을 종합하면 현재의 창오리와 도암리 일대가 모두 고려 시대 진성창의 관할이었던 것으로 보인다. 두 마을 모두 배가 닿기에 편리하므로 조세를 싣고 올라온 선박과 수레는 각기 가깝고 편리한 곳을 통해 진성창에 이르렀을 것이다.

일부 연구자들은 현재의 지명으로 고려 시대의 사실을 추론하는 것에 회의적이다. 조선 시대라면 모를까 고려 시대 지명이 현재까지 남아 있을 가능성은 매우 적다는 것이다. 그러나 지금 우

바다에서 발굴한 고려사 ──●

리가 사용하는 지명 중의 상당수는 고려 태조, 광종, 현종 시기에 지금의 명칭으로 바꾼 것이다. 공주, 홍주, 안동 등지는 물론이고, 천안의 왕자산, 공주의 계룡산과 태화산 등 산천의 이름이 그대로 계승된 사례는 일일이 전거를 달지 못할 만큼 많다.

그대로 전해지는 지명 외에 파편 지명까지 포함하면 그 수는 더욱 많아진다. 다만 지형의 변화 때문에 지금은 당시의 지형과 전혀 어울리지 않는 곳이 많기는 하다. 간척으로 바다가 막힌 후에도 여전히 지역민들은 선창이라고 하거나, 성이 이미 사라진 후에도 성재, 시루봉 등으로 부르는 사례가 그에 해당한다.

고려 시대 조창의 풍경은 남아 있는 것이 없지만 18세기 말의 진경산수화 중에 원주 흥원창을 그려놓은 그림이 있다(그림 14). 그림에는 흥원창이라고 기록되어 있으나 《여지도서》에는 흥원창이 원주의 서창西倉으로 기록되어 있다. 그리고 창고 건물은 총 32칸이라고 했다. 건물의 종류와 구조는 자세히 알기 어렵지만 그림을 통해 볼 때 오른쪽의 기와 건물은 관아로 추정되고, 중앙에 난 길을 따라 이어진 울타리 안의 건물들은 조창으로 보인다. 왼쪽의 울타리 없는 집들과 하나씩 떨어져 있는 건물들은 창에 속한 사공이나 조졸들의 집일 것이다. 그리고 그림 속 마을은 전체가 창말이나 창촌으로 불렸을 것이다. 그림 속 강변에 조운선도 없고, 마을도 온전히 평온해 보이는 것을 보면 뱃사람들은 모두 조운에 동원되어 나간 것 같다.

[그림 14] 원주 흥원창
정수영, 〈한임강명승도권漢臨江名勝圖卷〉(1796년경).
＊소장처: 국립중앙박물관.

바지를 걸치지 않았던 뱃사람들

고려 시대 뱃사람들의 모습을 보여주는 기사는《고려도경》에도 있다. 서긍이 본 뱃사람들은 두건 대신 둥글거나 네모난 대나무 모자를 쓰고 있었다. 고려인들이 즐겨 쓰는 비단 두건은 값이 쌀 한 가마에 가까운 고가였기 때문이다. 또한 짧은 갈옷을 입었을 뿐 아래에는 바지를 걸치지 않았다. 뱃사람들이 아랫도리를 입지 않았다는 기록은《삼국지》위서 동이전의 주호국(제주도) 편에도 있다. 스코틀랜드의 킬트Kilt나 일본의 훈도시 등의 형태를 고려하면 고려 시대 뱃사람들 역시 옷을 간략히 입거나 입지 않았던 것 같다. 그런 모습은 1890년대에 외국인들이 마포 일대의 뱃사람들을 찍은 사진에도 있다.

　서긍의《고려도경》에는 뱃사람들과 관련된 더 재미있는 이야기도 있다. 배마다 10여 인이 밤에는 갑판을 울리고 삿대를 두드리며 노래 부르며 서로 화답하는데, 거위와 따오기의 무리가 우는 것 같이 시끄럽기만 할 뿐 곡조나 감정이 없다는 것이다. 아마도 밤에 운항할 때 뱃노래를 불러 다른 배와의 충돌을 방지한 것 같다. 그것을 거위와 따오기 소리로 묘사한 것은 서긍이 철저히 중국인의 입장에서 기록했기 때문이다. 조운선 격군들 역시 날씨와 바람이 좋거나 납부 기한이 빠듯할 때는 밤에도 운송하는 일이 많았을 것이다. 그렇다면 고려 조군漕軍들도 서긍이 기록한 것처럼 뱃노래를 불러가면서 밤낮없이 개경으로 향하지 않았을까.

조창 주민들의 삶은 고되고 힘들었다. 1년에 한 번씩 목숨을 건 항해를 해야 했을 뿐 아니라 틈나는 대로 배를 보수하거나 새로 짓는 공사에 동원되었다. 성공적으로 개경까지 다녀오면 다행이었지만 조운선이 침몰하거나 운송하던 곡식이 상하면 배상 책임도 져야 했다. 또한 조창에 남은 조세가 있을 때는 도둑이 훔쳐 가지 못하도록 지키는 것도 그들의 임무였다.

스스로 죽음을 택할 만큼
고된 조창민의 삶

조창 사람들의 중요한 임무 중에는 조운에 필요한 밧줄을 꼬는 일도 있었다. 밧줄은 용도에 따라 재료나 굵기 달랐다. 화물을 고정하는 데 사용하는 밧줄은 짚으로 꼰 새끼줄이면 충분했다. 그러나 닻줄이나 돛에 이용되는 줄은 칡덩굴과 짚을 섞어서 꼬았다. 일부는 삼줄과 짚을 섞어 꼬기도 했다. 출항 전에는 배에서 잠을 잘 때 설치하는 띠집도 손을 봐야 했다. 띠집은 이엉을 엮어서 덮는데, 잘 때는 펼치고 쓰지 않을 때는 철거해서 별도로 보관한다. 틈틈이 자신의 농사도 지어야 했다. 따라서 조창민의 생활에는 여유가 없었다. 조선 시대 조군이 신량역천의 신분이었던 것도 조운에 동원되는 것이 고역이었기 때문이다.

조선 시대의 기록이기는 하지만 배를 짓는 공사가 얼마나 힘든 것이었는가를 말해주는 이야기가 《태종실록》에 있다. 1401년(태종 1) 나라에서 조운선을 500척이나 만들게 한 적이 있었다. 그래서 바닷가에 사는 사람들이 그것을 고역으로 여겼다. 어느 날 배를 짓던 군인 한 명이 거의 죽을 지경이 되어 바닷가에 누워 있었다. 상수리 열매로 끼니를 때워가며 오랫동안 물속에서 공사하느라 몸에는 살이 없고, 허리 아래로는 모두 얼어 있었다. 지나가던 스님이 그것을 불쌍히 여겨 미음을 쑤어 먹였더니 잠시 후 정신이 돌아왔다. 그는 승려에게 고마워하기는커녕 "내가 이 물을 마시고 살아나서 이 공사를 더 하라는 말인가?"라고 하고는 그릇을 던지고 물에 빠져 죽었다고 한다.

고려 시대 조창 사람들의 고통 또한 유사했을 것이다. 그런 점에서 보면 고려 정부가 조창을 하나의 행정구역으로 설정한 것도 조운하는 사람들을 특정 지역에 묶어두려는 의도가 있었던 것이 아닐까 생각된다. 조운처럼 힘든 일을 하는 사람들을 지정하고, 대대로 그 일을 맡게 함으로써 조운의 전문성을 확보하는 것이 효과적이라고 판단했을 것이다. 백성들을 토지에 묶어 두고 특정 직역을 부담시키는 것은 고려 시대 지방제도에서 나타나는 독특한 특징이다. 조선 시대의 조졸은 임의 배정하는 일이 많았으므로 지리산 산골에 살면서도 조군이 된 사례가 있었다. 물론 군포를 내면 면제받기는 했으나 거주지와 토지, 역을 세습시킨 사례는 조선보다 고려 시대에 좀 더 명확히 확인된다.

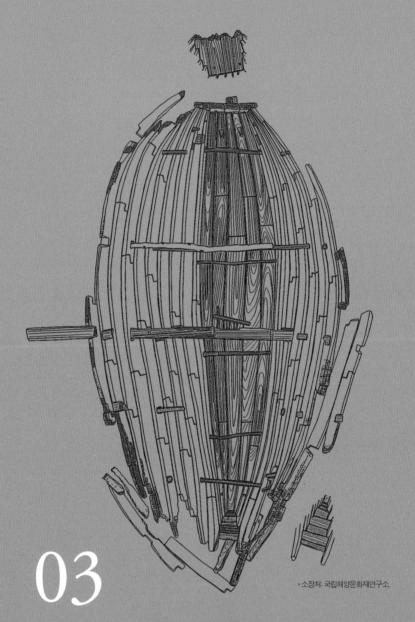

• 소장처: 국립해양문화재연구소

03

고려의 배,
서해를 누비다

||| **1** |||
문헌을 통해 본 고려 시대의 배

우리나라의 지형은 삼면이 바다로 둘러싸여 있고, 큰 산과 강이 많다. 따라서 사람이 이동하거나 물자를 운송할 때 수레보다 선박을 이용하는 것이 편리했다. 아마도 당시에는 현대인들이 자동차를 사는 것만큼이나 선박을 구입하는 것이 흔한 일이었을 것이다.

　전근대 시기의 배는 소유주에 따라 크게 관선官船과 사선私船으로 구분된다. 관선은 국가에서 만들어 공용으로 사용하는 선박이다. 반면 사선은 개인이 소유한 선박이다. 관선은 소나무를 정사각형에 가깝게 다듬어서 저판과 외판을 만들었다. 그렇다보니 무게가 무겁고, 속도가 느리며, 움직임이 둔하다. 운항 중에 갑작스런 위기를 만나면 빠르게 대응하지 못하는 것도 그런 이유 때문이다. 그런데도 지속적으로 관선을 무겁게 만든 이유는 무거운 배가 균형을 잡는 데 유리하기 때문이다.

특히 조운선은 수도까지 운항할 때까지는 대개 물자를 싣기 때문에 일정 무게를 유지하며 올라갈 수 있지만 물건을 내리고 돌아올 때는 빈 배로 와야 한다. 이때 선체가 너무 가벼우면 썰물에 밀려가거나 바위에 부딪혀 침몰하기 쉽다. 그래서 일부러 선체를 육중하게 만든다. 요즘에도 원거리를 항해하는 선박에 수평수를 넣어 어느 정도의 무게를 유지하도록 하는 것을 생각하면 이해하기 쉬울 것이다.

조운선 1척을 지으려면 소나무 160그루와 참나무 스무 그루가 필요했다. 소나무는 선체를 만드는 데 쓰였다. 참나무는 바닥 목재들을 묶어 고정하는 큰 나무못(장삭)과 외판의 위아래를 연결하는 나무못(피삭)처럼 단단한 부재를 만드는 데 이용했다. 배의 양쪽 벽을 가로지르는 버팀목(가룡)을 만드는 데에도 참나무가 이용되었다. 참나무 대신 뽕나무나 밤나무를 쓰는 경우도 있지만 목수들은 참나무를 더 선호했다. 뽕나무는 질기지만 오줌에 담갔다가 쓰지 않으면 찢어지기 쉽다. 밤나무는 단단하고 결이 곱지만, 참나무에 비해 외부 충격에 약하다.

일본이나 중국에서는 배의 목재를 연결할 때 쇠못을 사용했다. 쇠못을 쓰면 처음에는 단단하게 고정되지만 1년만 지나도 녹이 슬어 나무까지 썩게 만든다. 나무못은 못이 들어갈 홈을 파내고 박아야 하므로 시간이 많이 든다. 그렇지만 물을 먹으면 나무가 부풀어 한 방울의 물도 새지 않게 한다.

배를 만드는 목재에도 차이가 있다. 고려의 배는 주로 적송 또

[그림 15] 조운선
《각선도본各船圖本》(조선 후기).
* 소장처: 서울대학교 규장각한국학연구원.

는 육송陸松이라 불리는 소나무로 만든다. 소나무는 신축성이 떨어져 유연하게 휘지 않는다. 고려 조운선의 모양이 직사각형처럼 앞뒤와 밑바닥이 평평한 것은 그런 이유 때문이다. 중국이나 일본에서는 따뜻한 날씨에 잘 자라는 마미송, 녹나무, 삼나무 등을 선재船材로 쓴다. 이 나무들은 빨리 굵게 자라는 데다 목재가 유연해서 원하는 만큼 휠 수 있다. 나뭇결이 예쁘고, 판자로 켜기도 쉽다. 다만 녹나무나 삼나무로 만든 배는 외부 충격에 약하다. 그래서 항해 중에 큰 파도를 만나거나 암초에 부딪히면 선체가 쉽게 틀어진다.

사선은 관선보다 날렵하고, 크기도 제각각이다. 저판이나 외판도 판자형의 널판으로 만들기 때문에 외관도 단정하고, 속도도 빠르다. 이처럼 사선이 관선과는 다른 구조로 만들어진 것은 그들은 수도를 오르내릴 때 빈 배로 다니는 일이 적기 때문이다. 올라갈 때는 곡물이나 지역의 특산물을 가지고 올라가고, 내려올 때는 지방에 없는 물건을 가지고 내려간다. 관선과는 상황이 다르기 때문에 꼭 관선처럼 만들 필요는 없다.

고려 시대에 공용 물자를 운송했던 조운선漕運船·공선貢船·녹전선祿轉船, 순라선 등은 대표적인 관선이다. 그 외에 《고려사》에 왕이 타는 배로 기록된 용선, 누선樓船(우왕 때 제작된 기린선麒麟船·천봉선奉天船 등) 등의 사치스러운 선박과 해적을 무찌르기 위해 만든 과선戈船·검선劍船·병선兵船 등도 관선에 해당한다.

반면, 사선은 개인들이 소유한 선박으로 크기와 용도가 천차만

별이었다. 《고려사》 충혜왕 조에는 왕이 총애하는 신하들을 전국에 보내 배를 소유한 사람들에게 선세를 거두게 하니 선주들이 모두 배를 팔았다는 구절이 있다. 고려 말에 활동한 이색의 《목은시고》에는 "면천에 사는 노비가 배에 식량을 싣고 얼음을 깨며 개경까지 왔다"는 구절도 있다. 이러한 사실들을 고려하면 사선에는 개인용 운송 수단으로 사람과 식량을 실어 나르는 작은 규모의 선박도 있었고, 한꺼번에 많은 물자를 실어 나르는 상인들의 대형 선박도 있었던 것 같다.

청자를 2만 3,771점이나 싣고 가다가 태안 앞바다에서 침몰한 태안선은 외판이 얇으면서도 매우 잘 다듬은 판재로 만들어졌다. 그것은 형태나 크기로 볼 때 관선보다는 사선일 가능성이 크다. 또한 그 주인은 아마도 예성강 인근에 사는 상인이나 부호였을 것이다. 운송비를 받고 자신의 배로 강진에서 생산된 도자기를 개경까지 운반하다가 갑작스런 사고를 당해 침몰한 것이 아닐까 생각된다. 그러나 그것은 어디까지나 선박의 형태가 그렇다는 것이지, 배에 실린 도자기의 성격까지 그렇게 규정지을 수 있다는 말은 아니다. 앞서 설명한 것처럼 태안선에 실린 도자기들은 사심관이나 기인으로 뽑혀 개경에 올라가 살고 있던 관리에게 보낸 물건일 가능성이 크다.

한편, 고려 선박에 관한 가장 오래된 기록은 왕건이 궁예의 휘하에서 활동하던 시기에 수군을 거느리고 공을 세웠다는 〈태조세가〉의 기사이다. 《고려사》에 따르면 903년 왕건은 궁예 휘하에서 주사舟師를 이끌고 서해로부터 광주 경계까지 금성군을 공격하여 함락시켰다고 한다. 이후 금성은 나주로 개칭되었으며, 후백제의 배후를 압박하는 고려의 군사적 요충지로 부상했다.

왕건의 활약은 나주 점령으로 그치지 않았다. 909년에는 염해현에 머물다가 견훤이 오월에 보내는 사신선을 잡아왔으며, 정주의 전함과 군사 2,500명을 이끌고 진도를 점령하기도 했다. 이 시기 후고구려의 수군 본부는 예성강 하구의 정주 지역이었다. 정주는 왕건의 장인이자 예성강 하구의 무역권을 장악하고 있던 유천궁의 근거지이기도 했다.

그러나 왕건이 903년에 나주를 점령했음에도 불구하고 나주가 온전히 후고구려의 영토에 편입된 것은 아닌 것 같다. 견훤이 대규모 함대를 이끌고 나주를 공격하기도 하고, 영산강 하구를 봉쇄하는 등 나주 일대 호족 세력을 압박했기 때문이다. 이에 914년 왕건은 정주의 포구에서 전함 70여 척과 병사 2,000명을 이끌고 내려가 또다시 나주 일대를 평정했다. 당시 왕건이 이끈 전함의 크기를 짐작할 만한 기록이 《고려사》에 있다.

보장步將 강선힐康瑄詰·흑상黑湘·김재원金材瑗 등을 태조(왕건)의 부장으로 삼아 배 100여 척을 더 만들게 하니, 큰 배 10여 척은 각각 16보步로서 위에 망루를 세우고 말도 달릴 수 있을 정도였다. (태조는) 군사 3,000여 인을 지휘하여 군량을 싣고 나주로 갔다(《고려사》 태조 총서).

이 기록에 따르면 왕건이 이끈 100여 척의 배 중 10척은 대형 누선이었으며, 그 길이와 폭이 각각 16보였다고 한다. 전근대 시기의 보步는 단순히 사람의 걸음을 일컫는 말이 아니라 6척을 일컫는 거리의 단위이기도 했다. 당시 사용한 자가 어떤 것이었는지 명확하지 않지만 통일신라 시대에 건축물 제작에 흔히 이용된 당대척唐大尺(29.8센티미터)으로 계산하면 왕건이 탄 누선의 길이와 폭은 약 28.6미터 정도가 된다. 이 정도 규모의 연안선은 아직까지 국내에서는 출토된 바 없다. 다만, 최근에 국립해양문화재연구소에서 복원한 조선 후기 조운선의 길이가 24미터였음을 고려하면 당시에도 충분히 제작할 수 있는 크기의 선박이었다고 생각된다.

하지만 자尺의 종류가 달라지면 크기도 달라진다. 보步는 본래 리里와 함께 거리를 재는 단위로 사용되었다. 본래 거리를 재는 단위는 영조척이 아니라 주척周尺이었다. 《태종실록》에도 "주척으로 6척은 1보가 된다. 매 360보를 1리로 한다"는 구절이 있다. 따라서 당시 병선의 길이가 주척으로 계산되었을 가능성도 있다. 통일신라 시대에 사용된 주척은 약 20.6센티미터 정도였으므로 태조의 병선을 주척으로 계산하면 길이와 폭이 약 19.2미터 정도가 된다. 그렇다면 둘 중 어느 것이 사실에 가까울까?

이에 대한 이해는 선박에 탑승한 군사들의 수를 기준으로 풀어내는 것이 가장 합리적이라고 생각한다. 앞의 기록에 따르면 왕건이 100여 척의 배에 태운 병사는 3,000명이었다. 그렇다면 1척에 약 30명 정도가 탈 수 있었다는 말이 된다. 그중 대선大船 10여 척은 대규모의 선박이었다고 하므로 100~120명씩 탔다고 가정하면, 나머지 90여 척은 20명 정도가 탈 수 있는 작은 배였다는 추정이 가능하다.

《경국대전》에 따르면 조선 시대의 병선 중 대선은 영조척으로 길이 42자(약 12.9미터), 너비 18자 9치(약 5.8미터) 이상의 선박이었다. 대선에는 기군騎軍 80명이 승선할 수 있었다. 반면 조선 후기의 판옥선은 본판의 길이만 해도 90자(약 27.7미터), 너비는 18.4자(약 5.7미터)나 되는 큰 배였다. 판옥선의 승선 인원은 시기마다 조금씩 다르지만 대체로 140~194명 정도였다. 이때 본판은 배의 저판을 의미하는 것이므로 판옥선의 상판 길이는 30미터 이상이 된다. 왕건의 누선을 조선 시대 선박과 비교하면 병선보다는 크고, 판옥선보다는 작은 규모였을 것으로 추정된다. 따라서 왕건의 누선은 당대척보다는 주척으로 계산되었을 가능성이 크다.

1058년(문종 12) 8월 7일에는 왕이 탐라 및 영암에서 재목을 베어 큰 배를 만들어 송과 통교하려 하다가 내사문하성에서 반대하여 그만둔 일이 있었다. 이때 내사문하성에서 올린 글의 내용이 흥미롭다. "지금 문물과 예악이 흥행한 지 이미 오래이고, 상선이 왕래가 끊이지 않아 진귀한 보물들이 날마다 들어오니, 중국에 대해서는 실로 도움받을 것이 없다"라는 것이다. 이때 언급된 상선은 송상을 일컫는 말로 추정되고 있다. 송과의 국교는 끊어졌지만 상인들의 왕래가 많아 경제적으로 아쉬울 것이 없으니, 굳

바다에서 발굴한 고려사 ──●

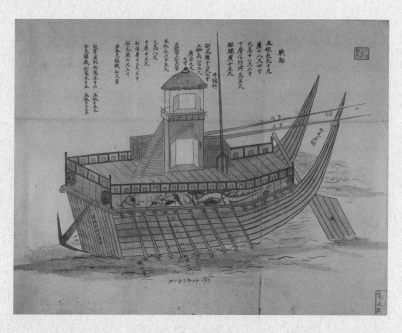

[그림 16] 판옥선

《각선도본各船圖本》(조선 후기).

* 소장처: 서울대학교 규장각한국학연구원.

이 거란과의 관계를 악화시켜가면서까지 새삼 송과 국교를 재개할 필요가 있겠냐고 간언했던 것이다.

1,000여 척의 배를 이끌고 강화도를 떠난 삼별초

고려 선박에 관한 기사가 가장 많이 등장하는 시기는 1270년 이후이다. 1270년에 개경 환도에 반대하며 봉기한 삼별초는 백관들이 원종을 맞으러 개경으로 나간 사이 선박에 사람과 재물을 싣고 남쪽으로 내려갔다. 《고려사절요》에는 이때 삼별초가 1,000여 척의 배를 이끌고 강도를 떠났다고 기록되어 있다. 이는 당시 강화 인근에 주둔하고 있었던 배가 1,000여 척이나 되었음을 보여준다.

당시 군선의 규모를 보여주는 기록도 있다. 1272년(원종 13) 6월 26일 고려의 낭장 이유비李有庇가 원에 보낸 표문에 따르면 제주에 주둔한 삼별초가 3~5월에 남해의 회령, 해제, 해남 등지에서 선박 20척과 양곡 3,200여 석을 약탈해갔다고 한다. 또한 삼별초가 배 11척에 390명을 태워 전라도와 경상도의 조운선을 약탈한 사실과 전주·나주 방면의 전함 건조 공사를 방해하려 한다는 정보도 전했다. 전주와 나주 방면의 전함 공사라면 당시 소나무가 많았던 변산과 장흥의 천관산 일대에서 삼별초 진압을 위한 군함 제작 공사가 아닐까 생각된다. 눈에 띄는 것은 390명이 11척의 배에 탑

승했다는 것인데, 그 경우 1척의 평균 정원은 35명쯤 된다.

1273년 3월 26일에는 서해도의 전함 20척이 태풍을 만나 침몰하여 뱃사공과 선원 등 115명이 익사하고, 경상도 전함 27척이 침몰하는 일이 있었다. 또한 같은 해 4월 28일에는 김방경이 흔도, 홍차구 등과 함께 전라도의 배 160척을 이끌고 탐라로 가서 삼별초를 진압하기도 했다. 이를 통해 대몽항쟁 시기에도 전국 각 도에 적지 않은 선박들이 비치되어 있었다는 것을 알 수 있다.

1274년(원종 15) 고려는 원이 일본 원정을 위해 요구한 대소 선박 900척을 건조했다. 이때 고려에서 제작한 선박은 군함이 300척이고, 나머지 600척은 수송선과 급수선이었다. 놀라운 사실은 쌀 3,000~4,000석을 실을 수 있는 배 900척을 그해 1월 16일에 만들기 시작하여 5월 그믐에 완전히 끝냈다는 것이다. 4개월 보름 동안 하루에 7척 정도씩 완성했다는 말이 된다. 《고려사》에 따르면 당시 이처럼 많은 양의 선박을 단시일 내에 건조할 수 있었던 것은 김방경이 중국의 남방식(만양蠻樣)이 아니라 고려식으로 배를 제작하도록 했기 때문이라고 한다. 남방식이란 갑조식이라고도 부르는 조선 방식으로 외판을 두 겹으로 하고, 바닥을 첨저식으로 만드는 것을 의미한다. 갑조식 조선 방식은 만드는 시일이 오래 걸릴 뿐 아니라 비용과 목재가 많이 소요된다. 반면 고려의 단조식은 외판을 홑겹으로 하고, 바닥을 평저형으로 만들기 때문에 목재가 적게 들고 기간도 단축된다.

남방의 첨저형 선박은 바닷물을 가르고 가기 때문에 속도가 빠르다. 칸마다 격벽이 있어 배 안으로 물이 들어와도 한 번에 가라앉지 않는 장점이 있다. 그러나 목재의 소요가 많고, 고려처럼 목질이 단단한 소나무로 배를 만들 때는 불리하다.

고려의 평저형 선박은 바닷물을 누르며 항해한다. 따라서 속도는 다소 늦지만, 외판과 외판의 양 끝단을 파내어 겹치게 나무못을 박아 단단히 고정될 뿐 아니라 복원력이 좋아 충격을 받거나 바람이 크게 불어도 타격이 적다. 1274년 원의 일본 원정에서 고려 배가 격퇴되지 않고 돌아올 수 있었던 것은 이러한 조선 기술과 관련이 깊다. 2차 일본 원정 때 원이 고려에 선박 제조를 다시 명한 것도 그러한 이유와 관련이 있다.

1278년(충렬왕 4)에는 고려가 다시 강화도로 들어갈 것이라고 원에 참소하는 사람이 있었다. 충렬왕은 원의 의심을 받게 되자 선군을 폐지하는 명령을 내렸다. 고려 말 왜구들이 침입해왔을 때 효과적으로 대응하지 못한 것은 이때의 선군 폐지 조치와 직접적인 관련이 있을 것이다.

선군을 폐지한 것만으로는 참소가 가라앉지 않자 충렬왕은 그해 7월에 직접 원에 가서 일본 원정에 고려가 앞장서겠다는 약속을 하고 돌아왔다. 1차 원정으로 고려의 인적·물적 피해가 극심했음에도 불구하고 충렬왕이 일본 원정에 앞장서겠다고 큰소리친 것은 고려가 다시 강화도로 들어가려 한다는 소문을 의식했기 때문이다. 충렬왕으로서는 왕좌를 지켜내기 위해 어떤 형태로든 원의 의심을 떨쳐낼 필요가 있었을 것이다. 결국, 겉모양새는 고려가 일본 원정에 자발적으로 참여한 것처럼 되었으나 그 배경에는 원의 숨은 의도가 있었던 것 같다. 원이 고려를 신뢰하지 못한다는 소문을 퍼뜨려 고려 조정을 불안하게 하면 고려 조정에서도 일본 원정을 꺼리지 못할 것이라는 아이디어를 제공한 사람들이 있었을 것이다.

원나라의 일본 원정에 동원된 고려 배

1279년에 남송을 멸망시킨 쿠빌라이는 일본에 사신을 보내 항복을 요구했다. 그러나 일본은 두 차례에 걸쳐 파견된 사신을 모두 살해했다. 이에 원은 2차 일본 원정을 위해 평란平灤, 고려, 탐라 등지에서 3,000척의 전함을 새로 만들게 했다. 이때 고려에 할당된 선박은 900척이었다. 고려는 1279년 9월에 준비를 시작하여 5개월 만인 1280년 2월에 공사를 마쳤다. 1280년 11월 11일, 충렬왕은 조인규와 인후 등을 원에 보내 병선 900척, 사공과 노꾼 1만 5,000명, 전투병 1만 명, 군량 11만 석(한석漢石 기준, 고려 기준 22만 석)의 준비를 완료했음을 보고했다. 이때 고려에서 몽골에 보낸 글을 보면 전선 300척에 사공과 노꾼 1만 8,000명이 필요하다는 구절이 있다. 따라서 당시의 군함 1척에는 약 60명의 사공과 노꾼이 필요했음을 알 수 있다. 전투병은 군선 300척에 나누어 탔을 것이므로 약 33명 정도씩 배정되었을 것이다. 따라서 전선 한 척에는 약 100명(60명의 사공과 33명의 전투병)이 승선했던 것으로 보인다.

조선 공사가 끝나자 쿠빌라이는 1281년 5월에 2차 일본 원정을 명했다. 여몽 연합군은 두 잘래로 군대를 나누어 일본 원정에 나섰다. 고려를 거쳐 출발한 동정군東征軍 4만 명은 900척의 배에 나눠 타고 합포(마산)에서 출발했다. 남송인을 주력으로 하는 강남군(만군蠻軍) 10만 명은 3,500척의 전함에 나눠 타고 명주의 영파(닝보)에서 출발했다.

동정군은 먼저 쓰시마를 공격했으나 강력한 저항에 부딪혀 큰 성과를 얻지 못하고 이키 섬으로 갔다. 그리고 히라도에서 강남군을 만나 하카타로 향했으나 또 한 차례 태풍이 불어 큰 피해를 입고 후퇴했다. 1차 원정 때와는 달리 일본군의 저항도 만만치 않았다. 막부에서 파견된 군대와 해안가의 고케닌御家人[*]이 거느린 병사들은 작은 선박을 이용한 기습전으로 여몽 연합군에 큰 타격을 입혔다. 1차 원정 이후 해안에 구축한 성곽들도 원정군의 공격을 어렵게 했다. 결국 여몽 연합군의 2차 일본 원정은 태풍과 일본군의 강력한 저항으로 실패했다. 출발했던 동정군 9,960명, 뱃사공과 노꾼 1만 7,029명 중에 살아 돌아온 자는 총 1만 9,397명이었다. 그러나 태풍을 만나 침몰한 강남군 중에는 살아남은 자가 많지 않았다.

[*] 일본 가마쿠라 막부 시대에 쇼군과 주종관계를 맺은 무사.

[그림 17] 〈몽고습래회사蒙古襲來繪詞〉(부분)
2권의 두루마리로 구성된 일본 가마쿠라 시대 후기의 그림으로,
원나라의 일본 원정 당시 원정군과 일본 무사들과의 싸움을 담고 있다.

일본은 이때 침입한 여몽 연합군을 원구元寇라고 하고, 여몽 연합군에게 타격을 가한 태풍을 '가미카제神風'라고 부른다. 일본에 침입한 원나라 도적들을 격퇴하기 위해 신이 일으킨 바람이란 의미이다. 훗날 이 사건은 일본제국주의자들이 '신국사상'을 퍼뜨리는 데 매우 좋은 소재로 활용되었다고 알려져 있다. 그러나 이때의 전투가 세간에 알려진 것처럼 일방적인 일본의 승리였던 것은 아니다. 당시 쓰시마와 북규슈는 몽골과 고려군의 침입으로 큰 피해를 입었으며, 그것은 매우 공포스런 기억으로 남게 되었다. 그래서 일본 북규슈 사람들은 아이가 울면 "무쿠리, 고쿠리 온다"는 말로 아이를 얼렀다고 한다. 무쿠리는 몽골, 고쿠리는 고려를 일컫는 말이다. 당시 일본인들에게 두 나라의 군대가 온다는 말은 한국 사람들의 '울면 호랑이가 물어간다'는 말만큼이나 두려웠던 것이다.

1309년(충선왕 원년) 3월에는 원에서 사신을 보내 고려에 선박 제조를 독촉하는 일이 벌어지기도 했다. 원나라의 황태후가 절을 지으려 하자 부원배附元輩 홍중희, 홍중경 등이 백두산의 목재를 베어 압록강으로 떠내려 보낸 다음 고려를 시켜 배로 수송하면 편리할 것이라고 건의했기 때문이다. 이때 원이 고려에 요구한 것은 배 100척과 쌀 3,000석이었다. 당시 고려에서 만든 배 100척이 얼마나 큰 것이었는지 확인되지 않는다. 단순히 계산하면 배 100척에 쌀 3,000석을 수송하라고 했으므로 1척당 30석 정도 실을 수 있는 작은 배였다고 할 수 있다. 그러나 기사의 전체적인 내

용을 고려하면 배를 만드는 것과 쌀 3,000석을 원에 보내는 것은
별도의 부담이었던 것으로 보인다.

중국에서 출수된 펑라이 3호선의 수수께끼

고려 말에 침몰한 것으로 보이는 배가 중국의 산둥반도 봉래수성
蓬萊水城에서 출수되어 큰 관심을 끌었다. 2005년에 조사되어 펑
라이 3호선이라고 명명된 선박이 그것인데, 구조나 제작 기법이
기존의 중국 선박과는 명확한 차이가 있었다. 저판을 비롯하여
삼판을 조립해서 올린 방식은 우리나라의 서해 연안에서 출수된
고려 선박과 같았지만 내부는 중국 선박과 같이 나무판으로 격벽
을 만들어 칸을 구획하고, 용골과 늑골을 세워 배를 더 튼튼하게
만든 구조였다. 용골은 배 저판의 중앙부를 앞뒤로 이은 배의 중
심축을 말한다. 이물부터 고물까지 일자로 되어 있으며, 배의 척
추에 해당한다. 반면 늑골은 용골에서 직각으로 설치하여 배의
칸을 나누는 목재이다. 용골이 사람의 척추라면 늑골은 척추에서
직각으로 연결된 갈비뼈에 해당한다.

　국립해양대학교 김성준 교수의 연구에 따르면 격벽과 용골은
그동안 우리나라 전통 선박에서는 확인된 적이 없다고 한다. 실제
로 그것은 중국에서 제작된 첨저형의 선박에서 주로 확인된다. 더
구나 격벽의 양쪽 아래에 늑골 보호를 위해 나무를 덧댄 구조와

뱃밥으로 동유·석회·염료를 쓴 것은 중국에서도 확인된 적 없는 독특한 사례라고 한다. 중국의 첨저형 선박과 한선의 전통적인 기법을 섞어서 제작한 듯하면서도 어느 쪽에도 속하지 않는 독특한 구조를 갖추고 있다는 것이다.

따라서 전문가들도 펑라이 3호선을 고려 배로 보는 쪽과 중국의 배로 보는 쪽으로 나뉘어 여러 차례 토론을 벌였다. 중국 선박일 가능성이 크다는 의견을 제시한 사람 중에는 한국인 학자들도 있었다. 그러나 최종적으로 펑라이 3호선은 중국 선박이 아니라 고려 선박일 가능성이 크다는 결론을 내렸다. 재질이 중국의 배와는 달리 소나무라는 점, 쇠못 대신 밤나무와 상수리 나무못을 사용한 점, 외판을 홈붙이 클링커 이음 방식으로 이어 올린 점, 내부에서 고려청자 편이 출토된 점 등이 주요 근거였다. 이처럼 나무못을 사용한 점과 외판의 상부를 깎아서 쌓아 올린 방식은 고려배의 중요한 특징으로 인정받고 있다.

펑라이 3호선은 잔존 선체만 해도 길이가 17.1미터, 최대 너비는 6.2미터나 되는 대형 선박이다. 중국 연구자들은 이 배의 본래의 규모가 길이 22.5미터, 선폭 7.2미터, 깊이는 3미터, 배수량 128.5톤 정도였을 것으로 추정하고 있다. 이는 서해 연안에서 출수된 고려 선박의 2배 정도 되는 크기이다. 그렇게 본다면 펑라이 3호선은 고려선의 구조를 기본으로 중국 조선 기술을 결합하여 제작한 독특한 형태의 고려 원양선이라고 할 수 있을 것이다. 배의 용도가 사신선이었는지, 상선이었는지는 명확하지 않지만 방사성 탄소 연대 측정 결과가 1373~1409년으로 나온 것을 보면 원 간섭기 또는 조선 초에 고려 개경에서 산동 일대를 오간 선박으로 추정된다.

여말선초에 배를 타고 중국에 드나든 사람들이 꽤나 많았다는 사실은 여러 곳에서 확인된다. 앞서 살펴본 것처럼 원의 태후가 절을 지을 때 고려에서 100척이나 되는 배를 만들어 보낸 적이 있었다. 또한 정몽주를 비롯하여 명나라 초기에 사신으로 파견된 고려인들은 요동반도에서 배를 타고 산동의 펑라이 일대로 건너갔다. 고려 말에 제작된 《노걸대》와 《박통사》에는 상인들이 배를 이용하여 중국을 드나든 사실도 확인된다. 따라서 원 간섭기 이후 고려 선박이 중국의 기술을 도입하여 외양 항해에 적합한 선박들을 제작했을 가능성은 크다. 펑라이 3호선도 그러한 용도로 산동에 갔다가 피치 못할 사고로 파손 또는 폐기[*] 되어 봉래수성에 침몰하게 된 것으로 보인다.

---

* 명이 건국된 이후 고려 사신들이 배를 타고 명의 수도 남경으로 가다가 배가 풍랑을 만나 파손되거나 침몰된 사례가 종종 있었다. 그 경우 명에서는 선박을 새로 제공하거나 다음번 고려 사신이 올 때 함께 보냈다. 그런 점에서 볼 때 펑라이 3호선은 명에 파견된 사신선으로 보는 것이 타당하다고 생각된다.

||| 2 |||
외국인의 눈에 비친
고려의 배

앞쪽에 철로 된 뿔이 달린 과선

고려의 선박에 대한 기록은 국내 못지않게 중국, 일본 등에 풍부하게 남아 있다. 당시 무역이나 전쟁에서 선박이 매우 중요한 역할을 했으므로 상대국의 배를 본 사람들이 그것을 매우 상세히 기록했기 때문이다. 그중 가장 오래된 것은 1019년(현종 10) 4월, 해적에게 잡혀 가다가 고려 군대에 구조된 일본인들의 목격담이다. 김상기 선생의 《고려 시대사》에 수록된 기사를 인용하면 다음과 같다.

이와 같이 하여 20여 일을 보내게 되었는데 …… 고려국선高麗國兵船 수백 척이 내습하여 적들을 치므로 적은 비록 힘내어

싸웠으나 고려군의 형세가 맹렬하여 감히 대적치 못했다. 즉 고려의 선체가 높고 크며 병기와 연장을 많이 갖추어서 적선을 엎어버리고 사람을 죽이므로 그들은 고려의 맹공을 견디어 내지 못했다. …… 다만 구조를 입어 고려의 배 안에 오르니 그 속은 넓고 커서 보통 배와는 같지 아니했다. □□을 2중으로 만들고 그 위에 망대望臺를 좌우로 각각 넷을 세웠다. 배 질하는 노꾼은 5~6명이오, □을 한 사람은 20여 명이었다(《소우기小右記》 관인寬仁 3년 8월 10일).

위의 자료는 당시 해적에 잡혔다가 고려군에 구조된 우치구라 이시메內藏石女라는 여성이 진술한 것을 기록한 것이다. 이때 동해에서 활동한 해적은 동여진을 일컫는 말로 보이는데, 일본인들은 그들을 도이刀伊라고 했다. 도이는 8심(48척)~12심(72척)이나 되는 큰 배에 50~60명이 떼를 지어 타고 다니며, 육지로 올라와 사람과 가축을 살해했다. 그녀의 말에 따르면 고려국 병선 수백 척이 나타나 도이를 공격하자 도이들은 감히 싸울 생각을 하지 못했다고 한다. 고려의 배가 높고 크며, 병장기가 많이 배치되어 있어, 도이가 탄 배들을 위에서 공격하거나 뒤집었기 때문이다. 포로들로 인해 배가 무거워 쉽게 대항하지 못하게 되자 도이들은 포로들을 함부로 살해하거나 산 채로 바다에 던지기에 이르렀다. 우치구라 역시 그때 바다에 던져져서 정신을 잃었으므로 그 후의 상황은 더이상 진술하지 못했다.

우치구라와 함께 고려 병선에 구조된 또 다른 사람의 증언에 따르면 고려의 배는 이전에 한 번도 못 본 크고 넓은 선박이었으며, 배 앞쪽에 철로 만든 뿔이 있어 적선을 마구 들이받아 깨뜨렸다고 한다. 또한 배 안의 군인들은 갑옷과 투구, 철로 된 곰손으로 무장하고 있으면서 배에 싣고 다니는 큰 돌을 적선에 던져 깨뜨렸다고 한다. 일본인 포로가 말한 뱃머리에 달린 뿔이 무엇을 의미하는지 모호하지만, 고려의 전함이 72척이나 되는 도이들의 선박을 위에서 공격할 만큼 거대한 선박이었다는 구절은 매우 흥미로운 사실임에 틀림없다.

우치구라의 고려 선박 목격담이 사실임은 《고려사》에서도 확인된다. 1019년(현종 10)에 장위남이 동해에서 해적선 8척을 잡아 그들이 일본에서 잡아온 남녀 259명을 자기 나라로 돌려보냈다는 구절이 그것이다. 그렇지만 아쉽게도 당시의 전투 상황은 기록에서 빠져 있다.

연구자들은 도이들을 공격한 고려의 병선이 《고려사》에 기록된 과선일 것이라고 추정하고 있다. 과선은 말 그대로 뱃머리에 긴 창을 장착한 선박을 일컫는 말이다. 《고려사》〈현종세가〉에 따르면 1009년(현종 즉위년)에 과선 75척을 만들어 진명鎭溟(현재의 북한 강원도 원산시)의 포구에 두고 동북 해적을 방어했다고 한다. 그러나 그 후 1030년(현종 21) 4월과 5월에는 동여진이 과선과 화살, 말 등을 바쳤다는 기록이 연이어 나타나고 있어 그것이 과연 일본인들이 목격한 선박과 동일한 것인지 혼란스럽게 한다. 또한 과선은 현종 때에만 등장할 뿐 그 후의 기록에서는 찾아볼 수 없어 언제까지 사용되었는지도 알기 어렵다. 여말선초 왜구 침입 시기에 활약한 검선劍船이라는 배가 그와 유사한 것으로 추정되지만 규모나 형태도 같은 것인지는 알 수 없다.

서긍이 본 고려의 선박

고려 선박에 대해 풍부한 자료를 남긴 인물로는 1123년 고려에 온 서긍을 빼놓을 수 없다. 서긍은 흑산도를 통해 고려의 해안으로 들어와 군산도, 마도, 자연도 등에서 환영 의례를 받았다. 그리고 예성강의 벽란도로 올라가며, 그때마다 목격한 배의 모습을 상세히 기록했다. 그중 서긍이 가장 먼저 본 배는 순라선이었다.

그는 고려의 배에 대해 "고려는 바다에 접해 있는데도 선박기술이 매우 단순하다. 중간에 돛대 하나를 세웠는데, 배 위에는 누각이 없으며, 노와 키만 두었다"라고 기록했다. 순라선 역시 그러한 형태의 배였다. 다만 특징이라면 배에 큰 장대 하나를 세우고, 제비꼬리처럼 생긴 깃발을 걸었다는 것이다. 깃발에는 각기 선박이 소속된 지역의 지명이 쓰여 있었다고 했다. 아마도 각 지역에서 보유하고 있었던 해양 방어 선박이었던 것 같다. 서긍은 이들 선박에 '위사尉司'라는 글자가 쓰인 깃발이 있으나 사실은 포도捕盜 관리들이라고 기록했다.

다음으로 기록된 배는 관선이다. 관선은 위에 띠를 덮고, 아래에는 문과 창을 냈으며, 주위에는 난간이 둘러져 있었다고 한다. 또한 "가로지른 나무를 꿰어 추켜 올린 다음 지붕을 만들었다"고도 했다. 이를 토대로 배의 모양을 추정하면 배 위의 중앙에 나무를 엮어 만든 뜸집이 있었던 것이 아닐까 생각된다. 뜸집은 아래보다 위가 더 넓었다고 하는데 그것은 초가지붕이 배의 상판보다 넓은 것을 표현한 것으로 보인다. 가장 주목되는 것은 판자를 쓰지 않고, 통나무를 구부려 바로잡은 후 서로 잇대어 못을 박기만 했다는 것이다. 그러한 특징은 마도 1~3호선의 외판에서도 확인된다.

관선의 앞에는 닻을 감아올리는 호롱이 있고, 배 위에 큰 돛대를 세워 베(布)로 만든 돛을 20여 폭이나 드리웠다고 한다. 배는 총 10여 척으로 접반接伴·선배先排·관구管句·공주公廚라 불렸으며, 접반선에만 장막을 설치했다고 한다. 서긍의 기록대로라면 이들 관선은 의장과 공식적인 음식 접대 등을 맡은 것으로 보인다.

서긍은 또한 군산도에서 송방松舫이라는 배도 목격했다. 송방 역시 이물과 고물이 모두 곧고, 중앙에는 지붕을 띠로 덮은 선실 5칸이 마련되어 있었다고 한다. 선실의 구조는 앞뒤로 평상을 놓은 작은 방이 2칸 있고, 중앙의 누각 형태 선실에는 비단 깔개가 깔렸다. 송방은 고려의 선박 중 가장 화려하며, 정사와 부사, 상절들만 탈 수 있었다고 한다.

송방이 고위급 사신을 태우는 배라면 막선은 중절과 하절의 사

[그림 18] 〈평안감사향연도平安監司饗宴圖〉(부분)
전傳 김홍도. * 소장처: 국립중앙박물관.

신을 태운 배였다. 배의 구조는 선실 대신 푸른색 장막을 세운 형태였다. 장막은 장대로 기둥을 세웠는데, 기둥의 네 귀퉁이에는 각각 채색 끈을 묶어 장식했다. 송방과 막선의 생김새를 추정할 만한 그림이 김홍도가 그렸다고 전하는 〈평안감사향연도〉에 있다. 중앙에 그려진 다섯 칸짜리 초가지붕의 배는 송방에 가깝고, 약간 오른쪽에 흰색 장막을 친 선박은 막선과 유사하다. 중앙의 배는 평안감사가 탔던 배이다. 서긍이 기록한 것처럼 띠집으로 보이는 건물이 중앙에 있고, 안에는 평상이 있다. 오른쪽의 배는 천막을 쳤는데, 장대에 천막을 묶은 끈이 화려하다. 그것은 서긍이 목격했다는 막선의 대표적인 특징에 해당한다.

고려 배는 먼바다를 건널 수 없다고?

중국인들이 고려의 배를 어떻게 평가했는지는 남송 말에 활동한 오잠吳潛의 글에 잘 나타나 있다. 오잠의 말에 따르면 고려에는 배를 만들 수 있는 좋은 나무가 없어서 잡목으로 만드는데, 그나마 철정(쇠못)도 쓰지 않아 견고하지 못하다고 했다. 그러므로 고려 선박은 국경 근처를 왕래하며 매매하는 정도로만 사용될 뿐 먼바다를 건널 수 없다고 했다. 오잠의 주장대로라면 고려 배가 흑산도에서 명주로 이어지는 남방 항로를 거쳐 중국으로 올 수 없다는 말이 된다. 그렇다면 고려의 배는 그의 주장처럼 남방 항로를 횡단하여 중국으로 갈 수 없었을까?

중국 사람들은 남방과 북방의 교통수단을 비교할 때 '남선북마
南船北馬'라고 한다. 남쪽 사람들은 주로 배를 이용하고, 북쪽 사
람들은 말을 많이 이용한다는 의미이다. 실제로 중국 남방에는
선재로 적합한 삼나무, 회나무, 녹나무 등이 많다. 광둥성이나 푸
젠성에서 건조된 선박들이 웅장하고, 화려한 것은 좋은 선재들을
이용할 수 있기 때문이다. 반면, 화북 지역은 선재로 쓸 만한 나무
들이 제한적이다. 규모도 남방의 배보다 작고, 생김새도 남방의
배처럼 튼튼해 보이지 않는다.

그래서 중국 사람들은 배를 평가할 때 물과 서로 성질이 잘 맞
는 푸젠성 배가 제일 좋고, 그다음이 광둥성의 배이며, 온주와 명
주의 배는 그다음이라고 했다. 북방에서도 사람들이 배를 쓰지
만, 북방의 나무는 물과 성질이 잘 맞지 않는 잡목이기 때문에 배
를 만들어도 내구성이 떨어지고, 바람과 파도를 이기지 못하여
종종 뒤집히거나 가라앉는 경우가 있다고 했다. 따라서 오잠의
주장은 고려 배에 대한 객관적인 평가라기보다는 당시 중국 사람
들의 북방 선박에 대한 보편적인 생각이었다고 할 수 있다.

또한 오잠이 활동했던 남송 말엽은 송상들만 고려에 드나들 뿐
고려의 사신들이 남송에 직접 가는 일은 드물었던 시기이다. 따
라서 오잠이 비록 남송의 재상이었다고 하더라도 고려선이 바다
를 건너오는 것을 직접 인지하기는 어려웠을 것이다. 그의 말이
오류였다는 것은 여몽 연합군의 일본 원정 기사를 통해서도 확인

된다.

앞서 살펴본 것처럼 원은 1274년(원종 15)년 10월과 1281년(충렬왕 7)에 일본 원정을 단행했다. 훗날 원의 장수 왕운은 "태풍을 만나 물결 때문에 서로 부딪쳐 크고 작은 많은 우리 함선들은 부서졌으나 오직 고려의 군함만은 견고하여 정상적으로 전투 임무를 수행하고 돌아올 수 있었다"라고 했다. 또한 1292년 고려의 세자가 원의 황제를 만났을 때 정우승丁右丞이라는 관리는 "강남의 전함이 크기는 크지만 부딪히면 잘 부서지는 단점이 있다"라고 하면서 "고려를 시켜 배를 만들게 한다면 일본을 취할 수 있을 것"이라는 주장을 펴기도 했다.

이러한 기록들을 통해 볼 때 고려의 선박 제조기술이 뛰어났던 점은 충분히 인정된다. 그러나 왕운의 말은 일본 원정에서 실패하고 난 후에 늘어놓은 변명이라는 점을 주목할 필요가 있다. 또한 정우승의 말처럼 강남선이 쉽게 부서진 것은 급하게 배를 만드느라 운하선을 개량해서 만든 경우가 많은 탓이기도 했다. 운하선은 그 모양이 길이는 길고, 선폭이 짧아 바다에서 전투를 벌이기에는 적합하지 못하기 때문이다. 따라서 강남선이 큰 피해를 입은 것은 태풍의 위력과 급조한 배의 문제점이 복합적으로 작용한 결과가 아닐까 생각된다.

황비창천명 동경 속의 배는
고려 배인가

황비창천명 동경煌丕昌天銘銅鏡은 항해하는 배를 가운데에 배치하고, 윗부분에는 '황비창천煌丕昌天'이라는 명문을 넣어 주조한 거울을 일컫는다. 거센 파도가 배를 둘러싸고, 그 속에 용 두 마리, 마갈어摩竭魚,[*] 거북이 등이 머리를 내민 문양이 주를 이룬다. 그리고 소수이기는 하지만 해와 달이 새겨진 것도 있다. 명문으로 새겨진 황비창천은 '밝고 크게 빛나는 아름다운 하늘'이라는 의미이다. 자세히 들여다보면 거울 속에는 거센 파도를 맞으며 위태롭

---

* 마갈어는 본래 인도의 전설 속 괴물인 마카라를 한자어로 표현한 것이다. 인도 전설 속의 마카라는 바다나 큰 강에 사는 거대한 용으로, 물의 신 바루나와 갠지 즈강의 여신 강가가 타고 다닌다고 한다. 중국에는 불교와 함께 도입된 것으로 보이는데, 한자로는 마가라룡摩迦羅龍, 마갈어摩竭魚, 마가라摩伽羅라고 썼다. 생김 새는 용과 물고기가 합쳐진 모습이며, 모든 것을 잡아 삼키는 괴물이라고 한다.

게 항해하는 선박이 새겨져 있는데, 정작 쓰인 문구는 밝게 빛나는 하늘이다. 이쯤이면 문구가 역설인지 희망인지 모호해진다.

이 동경이 그동안 한국의 선박 연구자들에게 주목받은 것은 동경 속의 배가 고려 선박일 것이라는 추정 때문이었다. 그러한 추정의 근거는 황비창천명 동경이 중국보다 한국에서 많이 출토된다는 점, 거울 속의 선박이 평저형에 돛대가 한 개라는 점, 그리고 이물과 고물이 모두 곧은 형태로 제작되었다는 점이다. 흔히 한선韓船은 '이물과 고물이 곧고 평저형이며, 한 개의 돛대를 세운 배'라고 정의되는데, 황비창천명 동경 속의 배는 그러한 특징을 잘 갖추고 있다는 것이다.

실제로 우리나라 서남해안에서 출수된 고려~조선 시대 선박들은 황비창천명 동경에 등장하는 것과 매우 유사한 구조로 제작되었다. 그러나 최근 한·중 양국의 고선박과 동경에 관한 연구 결과를 살펴보면 그러한 추정에는 몇 가지 문제가 있음이 확인된다. 예컨대 선박의 바닥이 평저형이라는 것은 한선의 가장 큰 특징이기는 하지만 그것은 상하이 이북 지역의 선박에서도 나타나는 특징이다. 고려 시대 선박 중에도 두 개의 돛을 단 당도리가 있으며, 외돛배(야거리)는 한·중 양국에서 모두 만들어졌다. 구조가 평저형이기 때문에, 또는 돛대가 하나이기 때문에 당연히 고려선이라고 주장하는 것은 지나친 일반화이다. 특히 중국의 운하선은 한선과 매우 닮았다. 산둥성 박물관에 전시된 명나라 운하선(조운선)은 우리나라 남해안에서 출수된 달리도선과 비교할 때 큰 차이

바다에서 발굴한 고려사 ─●

가 없다. '평저형', '평평한 이물과 고물', '한 개의 돛대', '클링커 이음 방식'[*]으로 대표되는 특징은 한선에서만 나타나는 것이 아니다.

또한 황비창천명 동경 속의 선박은 하부 구조보다는 상부 구조가 더 잘 묘사되어 있는데, 안타깝게도 우리나라 전통 선박의 상부 구조가 이와 같았다는 것을 입증할 만한 근거도 충분치 않다. 그 외에 좀 더 자세한 내용을 제시하면 다음과 같다.

우선 동경 속의 문양은 '신선의 세계를 찾아가는 모습, 또는 거친 파도를 헤치며 바다를 항해하는 모습' 등으로 해석되어왔다. 그러나 최근에는 이 도상을 '상인이 바다에 보물을 캐러 나갔다가 고난을 겪었으나 부처님의 도움으로 벗어났다'는 '상인입해채보商人入海探寶' 불교 설화로 해석하는 의견도 제시되었다. 거울에 묘사된 장면은 '위기의 순간에 불경을 베껴 돛대 위에 달자 그 위력으로 광명이 빛나면서 모든 재난이 사라지는 모습'이라는 것이다. 11~12세기 중국의 기록에는 바다에서 고난을 겪었을 때 불경을 태우며 기도하거나 동경을 부적에 싸서 바다에 던지는 의식을 거행한 기록들이 자주 보이는데, 이 거울 역시 그런 의례적인 용구로 사용되었을 가능성도 있다고 했다.

실제로 《고려도경》에는 서긍 일행이 작은 배를 만들어 불경과

---

[*] 배의 외판을 만들 때 아래 판의 위쪽과 위 판의 아래쪽을 각각 'ㄱ'자와 'ㄴ'로 깎아내어 겹치게 하는 방식이다.

양식, 배에 탄 사람들의 이름을 써서 실어 보내는 의식과 어전에서 내린 각종 부적을 바다에 던져 넣는 의식을 했다는 구절이 있다. 그와 같은 의식은 19세기에 조선의 마량으로 표류한 일본 무사들의 《일본표류일기》에서도 확인된다.

동경에 새겨진 문양을 중국에 전하는 고사로 보는 견해도 있다. 《여씨춘추》에 차비라는 사람과 우 임금의 고사가 실려 있는데, 그 이야기에 나오는 장면이 동경 속의 모습과 매우 유사하다.

초나라에 차비次非라는 사람이 있었다. 간수干隧라는 지역에서 보검을 얻어서 돌아가는 길에 장강(양쯔강)을 건너게 되었다. 강 한 가운데에 이르렀을 때, 두 마리의 교룡이 그가 타고 있는 배를 둘러쌌다. 차비가 뱃사람에게 물었다. "그대는 일찍이 두 마리의 교룡에게 배를 둘러싸이고도 (두 교룡이 있는) 양쪽의 사람들이 모두 살아난 것을 본 적이 있는가?" 뱃사람이 대답하기를 "아직 그런 일을 본 적이 없습니다"라고 했다. 차비는 팔을 걷어붙이고 옷소매를 감아올린 뒤 보검을 뽑은 후 "이것들은 강 속의 뭉그러진 고깃덩이나 썩어버린 뼈다귀에 불과하다. 검을 버려서 자기를 온전히 할 수 있는데 내 어찌 아끼겠는가!"라고 말했다. 이어서 강에 뛰어들어 교룡들을 찔러 죽이고 다시 배에 오르니 배 안에 있던 사람들이 모두 살 수 있었다(《여씨춘추》).

이 고사대로라면 동경 속의 배는 바다를 건너는 것이 아니라 양 쯔강을 건너는 것이고, 위아래의 구름 속에 모습을 드러낸 것은 배를 향해 공격해 오는 두 마리의 교룡이며, 칼을 빼 든 사람은 차 비이다. 결국 배에 탄 사람들은 차비의 활약으로 목숨을 건졌고, 파도 또한 가라앉았다고 한다. 그러한 시각으로 본다면 이 문양을 새긴 본래의 의미는 '파도 신의 심술(다른 본에는 양후陽候가 파도를 일 으켰다는 구절이 있음)과 용의 조화를 용맹하게 물리치고 무사 항해 를 한다'는 소망을 새겨 넣은 것으로 볼 수 있다. 그 경우 배의 앞 에서 칼을 들고 있는 사람의 정체도 자연스럽게 해결된다. 이와 유사한 내용의 설화는《회남자淮南子》와《논형論衡》에도 있다.

그렇다면 이런 거울이 처음 등장한 것은 언제일까. 김성준 교 수의 연구에 따르면 황비창천명 동경이 처음 등장한 것은 북송 휘 종 때라고 한다. 휘종 때 하늘에서 큰 별이 나타나는 상서로운 조 짐이 있었는데, 그것을 문자화시킨 것이 황비창천이라는 것이다. 그런 점에서 보면 처음 거울에 새긴 황비창천이란 글자는 길상문 이었다고 할 수 있다. 이후 12세기 중반에는 같은 문양의 동경이 금에서 유행했으며, 고려에서도 12세기 중후반부터 본격적으로 생산되었다.

삼족오·두꺼비·토끼 등
고려 특유의 문양 등장

초기에 제작된 고려의 황비창천명 동경은 북송이나 금의 동경 도안을 모방하거나 그대로 복제하는 정도의 수준이었다. 그러나 시간이 흐르면서 고려만의 독자적인 문양이 가미되었다. 예컨대 여덟 마름모 모양(팔능형八菱形)은 원형으로 바뀌었으며, '고려국산高麗國産'이라는 글자가 새겨졌다. 또한 삼족오가 그려진 해와 두꺼비 또는 토끼와 두꺼비가 함께 있는 달을 새겨넣기도 했다. 해와 달 문양은 송, 금의 동경에서는 찾아보기 어려운 독특한 문양이다.

동경에 새겨진 삼족오는 태양에 산다는 세 발의 까마귀이다. 흔히 고구려의 독창적인 문양으로만 생각하지만 실제로는 산해경과 같은 중국 고전에도 등장한다. 중국에서는 삼족오라는 말보다는 금오金烏·준오踆烏 등으로 불렸다.

두꺼비는 옛사람들이 달에 산다고 믿었던 항아姮娥이다. 한국인들은 달을 보며 계수나무 아래에서 떡을 절구에 찧는 토끼의 모습을 연상하지만, 옛 중국 사람들은 항아라는 이름의 두꺼비를 떠올렸다. 항아는 본래 하늘의 선녀이자 신궁神弓인 예羿의 아내였다. 어느 날 예가 하늘에서 큰 죄를 지어 땅으로 쫓겨오게 되자 항아도 함께 쫓겨왔다. 본래 신이었던 둘은 이제 늙고 병들어 죽어야 하는 평범한 인간이 되어버렸다.

어느 날 예는 서왕모라는 신이 불사약을 가지고 있다는 말을 들었다. 그리고 갖은 고생 끝에 서왕모를 만나 불사약 두 알을 얻었다. 하나를 먹으면 죽지 않을 수 있고, 두 알을 먹으면 하늘로 올라갈 수 있는 영약이었다. 집으로 돌아온 예는 좋은 날을 선택하여 아내와 한 알씩 나눠 먹기로 약속하고 잠자리에 들었다. 그러나 항아는 약속을 어기고 남편이 잠든 틈을 타서 두 알을 모두 먹었다.

다시 신이 되어 하늘로 올라가던 항아는 남편을 속이고 혼자 올라왔다는 손가락질을 받을까 두려웠다. 그래서 소문이 잔잔해질 때까지 달에서 숨어 지내기로 했다. 그런데 무슨 일인지 달에 내려 앉은 항아는 목이 짧아지고 배가 불룩해져서 두꺼비로 변했다. 결국 항아는 영원히 달에서 살아야 하는 운명을 맞게 되었다. 2019년 1월 3일, 달의 뒷면에 최초로 착륙한 중국 인공위성 '창어 4호'의 창어는 항아의 중국식 발음이다. 중국인들이 달을 보며 이야기했던 전설 속의 항아를 인공위성으로 재탄생시킨 것이다.

달에 토끼가 산다는 이야기는 불교의 《본생경》에 처음 등장한다. 《본생경》은 석가족의 왕자로 태어나기 전의 전생 이야기를 모아 놓은 것이다. 토끼는 부처의 전생 중 하나인데, 불쌍한 노인으로 변한 제석천을 위해 자신의 몸을 불에 태우는 공덕을 한 후에 달을 관장하는 신이 되었다고 한다. 이 두 이야기는 중국인들이 본래 항아로 알고 있었던 두꺼비가 불교의 전래와 함께 토끼로 변해 갔음을 보여준다. 고려 동경에 두꺼비와 토끼가 함께 등장하는 것은 그 과도기적 상황을 보여준다는 점에서 중요한 의미를 갖는다.

주목할 만한 점은 고려에서 만들어진 동경의 경우 여러 가지 문양들이 추가 또는 생략되었지만 칼을 든 사람만은 빠지지 않고 표현했다는 것이다. 앞서 살펴본 것처럼 그는 교룡을 물리치고 무사히 강을 건넌 차비이다. 따라서 이 동경은 무사 항해를 기원하는 의식용으로 만들어졌을 가능성이 매우 크다. 운항 중에 폭풍, 폭우, 안개, 괴수 등을 만나면 주술용으로 바다에 던져 넣거나 배에 거는 형태로 이용되었을 것이다.

지금까지의 논의를 정리하면 황비창천명 동경은 북송에서 만들어져서 금나라에 전해졌고, 금에서 다시 고려로 전해졌다고 보는 것이 타당하다. 만약 이 동경이 항해 의식용으로 사용되었다면 금보다는 송의 영향을 더 많이 받았을 것이다. 송상들이 대개 바다로 왕래했으므로 항해의 안전을 기원하는 의미로 동경을 이용하는 주술에 큰 관심이 있었을 것으로 보이기 때문이다.

그렇다면 황비창천명 동경 속의 배는 어느 나라의 배를 묘사한 것일까. 처음 북송에서 동경에 배를 도안해 넣은 사람은 아마도 주변에서 흔히 볼 수 있는 배를 새겨넣었을 것이다. 배의 형태나 구조가 매우 정교하게 묘사된 것이 그러한 추측에 무게를 더한다. 그런 점에서 보면 북송에서 이 동경을 만들 때 참고한 선박은 물자를 싣고 지방에서 변경까지 오가던 운하선이었을 것이다.

북송 운하선의 구체적인 형태는 〈청명상하도〉에서도 확인된다. 〈청명상하도〉 속의 운하선은 용총줄이 복잡하게 늘어져 있고, 돛이 하나이다. 돛대는 배의 저판이 아니라 선실 위에서 눕히거나 세울 수 있게 되어 있다.

고려인들이 동경 속의 운하선을 별다른 변형 없이 수용한 것은 그것이 고려의 연안을 누비던 배의 구조와 크게 다르지 않았기 때문이다. 평저형의 바닥, 한 개의 돛대, 곧은 이물과 고물을 한 배는 고려인들에게도 익숙했으며, 해난을 막는다는 문양의 의미도 전해지면서 고려인들 사이에서 널리 유행했던 것 같다.

흥미로운 사실은 원형의 황비창천명 동경이 주로 고려에서만 출토된다는 것이다. 해와 달은 이 둥근 모양의 동경에 새겨져 있다. 해와 달 외에 거북이 등이 등장하기도 한다. 또한 원형 동경 속 선박은 항해하는 방향도 바뀌었다. 이전의 동경에서는 배가 오른쪽에서 부는 바람을 타고 왼쪽에서 오른쪽으로 가고 있다. 그러나 원형 동경 속의 배는 왼쪽에서 부는 바람을 타고 오른쪽으로 향하고 있다. 중앙의 구조물도 처음에는 중국 배에 등장하는 누각의 형태였는데, 원형 동경 속에는 고려식 뜸집으로 바뀌어 있다. 이전의 동경에 새겨졌던 칼을 든 차비도 사라졌다. 그렇다면 이전의 황비창천명 동경은 중국에서 만들어진 것을 모방하여 제작하다가 원형 동경이 만들어질 무렵에는 고려식으로 완전히 재해석하여 제작했다고 볼 수 있다.

[그림 19] 황비창천명 동경

고려 시대에 제작된 것으로 보이는 동경이다. 위쪽에 황비창천이라는 글씨가 오른쪽부터
위아래로 쓰여 있다. 중앙에 있는 배는 돛대가 한 개이고, 앞과 뒤가 모두 평평한 형태이
다. 폭풍을 만난 듯 돛은 이미 찢어져서 위쪽에 몰려 있으며, 왼쪽에서 부는 바람을 따라
오른쪽으로 나가고 있다. 배 안에는 여러 사람들이 타고 있는데, 그중 앞쪽에 칼을 높이
든 사람이 보인다. 그가 《여씨춘추》에 기록된 차비라는 사람이다. 원형의 흰색 점선으로
표시한 것이 배를 위협에 빠뜨린 교룡이다. 왼쪽의 교룡 위에는 거북이와 거대한 물고기
의 모습도 보인다. 배의 좌우로는 거친 파도가 생생하게 표현되어 있다.

* 소장처: 국립중앙박물관.

[그림 20] 황비창천명 동경

고려식으로 재탄생한 황비창천명 동경이다. 원형의 형태에 파도를 실감나게 표현하고,
그 안에 항해하는 선박을 나타냈다. 배의 양쪽 상단에는 삼족오가 있는 해와 항아가 있는
달이 함께 떠 있다. 배는 왼쪽에서 불어오는 바람에 밀려 오른쪽으로 가고 있는데, 배 앞
에 큰 교룡이 나타나 배를 위협하고 있다. 배의 뒤쪽에는 용 대신 마갈어를 새겼다. 특이
하게도 이 동경에는 칼을 든 사람이 없고, 대신 뱃사람들이 기원을 하는 모습이 새겨져
있다. 이 동경이 만들어질 즈음에는 본래 송에서 만들 때의 차비 이야기는 의미를 잃은
것으로 보인다.

* 소장처: 국립중앙박물관.

04

고려의 바다,
고려의 뱃길

||| 1 |||
합포에서 예성항까지

고려 시대 연안 해로를 직접 기록해놓은 당대 사료는 찾기 어렵다. 목은 이색의 아버지 이곡李穀(1298~1351)이 고향으로 가는 길에 예성강을 떠나 강화도-자연도-연흥도 순으로 시를 지은 것이 있지만 그것은 일부 구간에 지나지 않는다. 또한 충렬왕 19년 원나라가 제주도에서 압록강구에 이르기까지 11개소의 수역水驛을 설치했다고 하지만 그 구체적인 위치도 알려진 바가 없다.

현재로서는 《고려도경》에 기록된 해로 기사가 가장 좋은 자료이지만 서긍이 기록한 항로에 등장하는 섬의 이름은 지금과 다른 것이 대다수이다. 그것이 지명의 변화 때문인지, 아니면 송상들이 기억하기 좋게 붙인 섬 이름을 서긍이 들은 대로 기록한 것에서 온 차이인지는 알 수 없다. 그러나 흑산도, 고섬섬(위도), 군산도(선유도), 자연도(영종도) 등을 제외하면 《삼국사기》나 《고려사》,

《동국여지승람》에 등장하는 명칭과 일치하는 것이 거의 없다.

　그렇다면 고려 시대 항로를 추정할 방법은 없는 것일까. 이와 관련하여 《홍재전서》에 눈에 띄는 기사가 하나 있다.

　우리나라 조운은 비록 상류에서 하류로 내려오는 것도 있으나, 대개 삼남에서 옮겨 실어 모두 바다를 거쳐 한강으로 올라온다. 도성에 사용되는 물품이 오로지 이것에 의지하니, 그 역할의 중요함은 당나라의 경구京口나 송나라의 변하汴河와 비교해도 뒤지지 않는다. 고려 시대에 조창 열 곳을 연해에 두었고 본조에서는 단지 영호남의 몇 곳에만 두었는데, 그 많고 적음과 편리하고 그렇지 못함이 과연 어떠하냐? 해운의 길에 있어서는 고려 때부터 지금까지 개정된 것이 없다. 그러나 파선되거나 물에 젖어 썩는 걱정이 오늘날보다 막심한 적은 없었다. 그 폐단은 어디에 있느냐?(《홍재전서》, 책문 조운조)

　정조 6년 임인년 춘시에서 왕이 친히 출제한 시제試題이다. 이를 통해 고려 시대와 조선 시대의 조운로가 크게 다르지 않았음을 알 수 있다. 고려 시대 연안에 설치된 조창의 위치나 서남해 연안에서 발굴된 고려 선박의 출토 위치 등을 고려해볼 때도 이러한 생각은 별다른 문제가 없어 보인다. 따라서 조선 시대의 연안 항로(조운로)에 대해 비교적 구체적으로 기록하고 있는 조선 시대의 문헌과 고려 시대 조창의 위치, 고려 시대 선박의 출토지 등을 참고하면 고려 시대의 연안 해로를 어느 정도 복원할 수 있을 것이다.

고려의 13개 조창 중 가장 먼 곳에 있었던 것은 합포(현재의 경상남도 창원시 마산합포구)의 석두창이었다. 조선 시대의 경우 마산창에서 강화도에 이르는 길은 대략 다음과 같았다.

마산포구 → 거제 견내량見乃梁 → 고성 사량도蛇梁島 → 남해 노량露梁 → 전라도 순천 구도狗島 → 흥양 희연도喜然島 → 장흥 우두도牛豆島 → 영암 갈두포葛豆浦 → 진도 벽파정碧波亭 → 나주 역도亦島 → 무안 탑성도塔聖島 → 영광 법성포法聖浦 → 무장 안변포安邊浦 → 만경 군산群山 → 옥과 요죽도澆竹島 → 충청도 원산도源山島 → 해미 안흥 → 태안 소근포西斤浦 → 당진 난지도蘭芝島 → 경기 부평 수취도水就島 → 강화 각고지포角古之浦 → 연미정燕美亭(《여지도서》 창원 전세).

합포는 예로부터 일본으로 건너가는 매우 중요한 길목이었다. 포구가 육지 쪽으로 깊숙이 들어와 있는 데다가 거제도, 저도, 대죽도, 가덕도가 남쪽에 펼쳐져 있어 바람과 파도로부터 안전하다. 여몽 연합군의 일본 원정 당시 군사 주둔지로 합포가 선정된 것도 그런 이유와 관련이 있다. 일제강점기에 마산항이 개발되면서 본래의 모습을 많이 잃기는 했지만 고려 시대 몽골군이 팠다는 몽고정蒙古井이 아직도 남아 있다.

거제도 견내량에서 여수 가막만까지

합포에서 떠난 선박들은 경남 통영시 용남면 장평리와 거제도 사이의 바다를 가리키는 견내량을 빠져나와 사량진이 있었던 사량도 아래쪽과 욕지도 사이를 거쳐 올라갔다. 거제도는 무신정변으로 쫓겨난 의종이 첫 귀양을 왔던 곳이다. 지금도 거제도에는 의종의 귀양지였던 둔덕기성(폐왕성)이 있다. 의종은 경주로 거처를 옮겼다가 김보당의 난(1173)이 실패한 후 이의민에게 시해되었다.

견내량을 지난 선박들은 임진왜란 때 삼도수군통제사영이 설치되었던 한산도와 미륵도 사이를 지나 척포항을 끼고 북쪽 사량도로 올라갔다. 견내량부터 한산도까지는 좁은 만이 계속 이어진다. 임진왜란 최대의 승전으로 알려진 한산대첩은 견내량과 한산도 사이에서 일어났다. 사량도는 하늘에서 보면 뱀이 기어가는 듯하다고 해서 붙여진 이름이다. 조선 중종 때 사량포 왜변이 일어난 후 사량진이 설치되면서 군사적 요충지로 부상했다.

사량도 남쪽 해안을 따라 올라간 조운선은 다시 남해군 창선면 적량진 오른쪽 해안을 따라 올라가 창선도 북부 해안을 돌아 올라간 후 노량항과 남해도 사이, 즉 노량을 지났다. 이순신이 마지막 전투를 벌인 곳으로 유명한 노량은 남해도와 하동군 금남면의 금오산 깃대봉 사이를 일컫는 말이다.

금오산 깃대봉은 이곳을 지나는 배들을 안내하기 위해 깃대를 설치한 데서 유래했다고 한다. 실제로 연안 해로에는 깃대봉이라

[그림 21] 거제 견내량에서 고흥 득량만까지의 항로

는 이름을 가진 산봉우리나 불을 의미하는 화火, 연기를 뜻하는 연
烟 자가 들어간 이름을 가진 섬들이 많다.《비류백제와 일본의 국
가기원》을 지은 김성호는 책의 부록에서 이런 섬들의 지명이 전근
대 시기의 항로와 밀접한 관련이 있다고 보았다. 깃대를 세우거나
연기 또는 불을 피워 인근을 지나는 배들을 안내하는 등대 역할을
했다는 것이다. 연구자들은 이러한 섬을 항표섬이라고 한다.

노량을 지난 선박들은 남해도의 서남 해안과 광양만 사이를 따
라 내려와 여수시 남쪽 종고산과 돌산도 사이를 지난 후 다시 여
수시 구봉산과 대경도 사이를 빠져나온다. 그리고 다시 소경도와
대경도 사이를 거쳐 가막만으로 나온다. 가막만 곳곳에는 섬들이
별들처럼 펼쳐져 있다. 따라서 자칫 잘못하면 항로를 잘못 잡아
좌초되기 쉽다. 뱃사람들은 돌산도 서쪽을 바라보며 남쪽으로 내
려와 백야도 남쪽과 제도 사이를 지난다. 이 항로는 지금도 여수–
나로도를 오가는 여객선이 지나는 길이다.

고려 시대 조선소가 있던 장흥 천관산

백야도를 지난 배들은 하화도와 개도 사이를 지나 북쪽으로 다도
해 해상국립공원을 바라보며 외나로도와 내나로도 사이를 지났
다. 두 섬 사이를 지나면 북쪽은 육지이고 남쪽은 망망대해이다.
따라서 북쪽 해안을 바라보며 동쪽으로 계속 항해하여 소록도–거

바다에서 발굴한 고려사 ───●

금도 사이, 천관산–금당도 사이, 강진군 마량면–고금도 사이를 지나 완도 북쪽 해안으로 접어들었다.

천관이라는 말은 본래 《화엄경華嚴經》에서 나온 말이다. 그에 따르면 "보살이 머물러 있었던 산을 지제支提라고 하고, 현재 보살이 있는 곳을 천관天冠이라고 한다"라고 했다. 천관산의 다른 이름으로 지제산, 관산 등이 있는데, 그것 역시 유래가 같은 것이다. 고려 시대 승려 천인天因이 쓴 〈천관산기〉에는 천관산 남쪽 언덕에 포개진 큰 암석이 인도 아소카왕 때 만든 8만 4천 개의 탑 중 하나라고 기록되어 있다. 또한 천인은 그 앞의 깎아지른 듯한 낭떠러지 위에 우뚝 솟은 바위가 석가와 가섭이 앉아 있었던 연화좌라고도 했다.

이처럼 본인들이 살고 있는 땅이 본래 부처와 인연이 있었던 땅이라고 연관지어 설명하는 것은 신라 시대에도 있었다. 《삼국유사》에 기록된 황룡사 가섭불연좌석迦葉佛宴坐石 같은 것이 대표적이다. 유독 신라에는 아소카왕 관련 이야기들이 많이 전하는데, 그것은 신라왕을 아소카왕처럼 전륜성왕으로 높이려는 의도가 반영된 것이 아닐까 생각된다. 경덕왕 대에 김대성의 주도로 축조된 절을 불국사라고 부른 것도 같은 이유이다. 신라인들은 인도가 아닌 자국에서 부처의 흔적을 찾고, 자국의 왕을 불교의 이상 군주인 전륜성왕으로 받들어 삼국통일의 과업을 설명하려 했던 것이다.

고려 시대 천관산은 신비한 산의 자태로 인해 성스러운 산으로 여겨졌다. 본래는 장흥현이 그 아래에 있었는데, 고려 인종 때에 공예태후恭睿太后 임씨의 고향이라 하여 부府로 승격되었다. 또한 천관산에서 생산되는 목재는 선박이나 궁궐을 짓는 재목으로 이용되었다. 여몽 연합군이 일본 원정에 나설 때 천관산에서 군함을 짓게 했다는 것은 앞서 설명한 바 있다. 조선 시대에도 천관산은 부안의 변산, 태안의 안면도와 함께 선재로 사용할 소나무를 기르는 송산松山으로 중시되었다.

최근에는 원에서 수학하고 일본으로 돌아가다가 고려 땅으로 떠밀려온 일본 승려 대지 선사大智禪師(1290~1366)가 천관산을 여행하고 시를 남겼다는 이야기가 알려지기도 했다. 대지로 추정되는 일본 승려의 이야기는 《고려사》에도 남아 있다. 1324년(충숙왕 11) 7월 19일에 표류민 220여 명을 일본으로 돌려보냈다는 것이 그것이다. 그들은 1323년 원에서 귀국하던 길에 폭풍을 만나 고려 연안에 표류했으나 충숙왕의 도움으로 귀국할 수 있었다고 한다.

천관산 서쪽의 강진군 대구면에는 고려 시대 최대 청자 생산지인 대구소가 있었다. 강진의 고려 시대 지명은 탐진이었다. 탐진을 지나면 장보고의 청해진이 설치되었던 완도, 장도에 이른다. 완도는 수심이 깊고, 바람과 파도를 피하기 좋은 섬이다. 완도 일대가 고려 선박의 항로에 속해 있었다는 것은 1984년에 완도군 약산면 어두리에서 출수된 완도선을 통해서도 확인된다. 그러한 점에서 강진, 장흥, 완도 일대는 고려 시대에 매우 중요한 지역이었다.

완도를 지나 북쪽의 해안을 바라보며 서남쪽으로 내려온 선박들은 갈두포에서 북동쪽으로 뱃머리를 돌려 울돌목으로 들어섰다. 울돌목은 정유재란 때 이순신이 12척의 전선으로 일본군 113척을 격파했다는 명량해전이 벌어졌던 곳이다. 이곳은 물살이 빠르고, 조류가 빨라 자칫 잘못하면 배가 난파될 수 있는 험로 중의 하나이다.

명량해협을 통과한 조운선은 다시 병풍도와 역도 사이를 지나 팔금도, 안좌도, 암태도의 오른쪽, 화원반도와 압해도의 왼쪽 사이로 북상하여 증도와 지도 사이의 복잡한 해안을 지난다. 이 구간 역시 크고 작은 섬들이 펼쳐져 있어 노련한 사공이 아니면 길을 찾아 운항하기가 쉽지 않은 구간이다. 그것은 안좌도와 달리도에서 고려 시대 선박이 출수된 것을 통해서도 확인된다. 증도 해안에서는 1323년 원나라에서 출발하여 일본으로 향하다가 침몰한 신안선이 출수되기도 했다.

지도 서쪽 해안으로 북상한 선박들은 다시 임자도 동쪽 해안을 지나 조기 산지로 유명한 칠산 앞바다에 이른다. 칠산 앞바다는 불과 수십 년 전까지만 해도 조기 파시로 모여든 어선의 돛대가 성냥갑에 꽂힌 성냥개비 같았다는 전설적인 어장이다. 조선 후기에는 조기가 얼마나 많았는지 조기를 건져 올리던 어선이 그물의 무게를 견디지 못해 뒤집히는 일도 있었다고 한다. 그러나 이익이 있는 곳에는 늘 위험도 함께 있기 마련이다. 칠산 앞바다는 물살이 세고 암초가 많아 배들이 주의를 기울이지 않으면 안 되는 험로 중의 하나였다.

백제·가야·왜의 교류 거점, 변산 죽막동

칠산 앞바다를 지난 선박들은 영광, 고창의 동쪽 해안을 따라서 올라 변산의 격포와 위도 사이를 거쳐 군산도로 들어갔다. 변산에는 여덟 딸을 낳아 일곱 도에 딸을 하나씩 나눠주고, 막내딸을 데리고 살면서 서해 바다를 관장했다는 개양 할머니를 모신 수성당이 있다.

수성당은 죽막동 유적이라는 곳에 있는데, 죽막동 유적은 3세기 후반부터 7세기까지의 마한, 백제계 제사 유물과 통일 신라~조선 시대까지의 제사 유물이 동시에 출토된 것으로 알려져 있다. 소량이기는 하지만 가야와 왜계 제사 유물도 출토된 것을 보면 당시 이 지역은 백제, 가야, 왜의 교류가 빈번한 곳이자 군사적 요충지로 중시되었던 것 같다.

군산도는 고려 시대부터 조선에 이르기까지 법성포 앞바다를 지난 조운선이 바람과 조수를 기다렸다가 북상하는 조운의 요지이기도 했다. 이 지역에서 출토된 십이동파도선이나 야미도 유적은 이 일대에서 침몰한 조운선이 다수였음을 말해준다. 군산도를 지난 조운선은 개야도와 죽도 사이를 거쳐 마량진으로 올라갔다. 마량진을 돌아 북상한 후에는 삽시도와 원산도 사이를 지나 고대도와 장고도의 오른쪽 해안을 거쳐 안면도에 이르렀다.

안면도 서해안을 따라 북상한 선박들은 거아도 서쪽 해안을 따라 올라가 태안반도에 이른 후 신진도·마도와 정족도 사이를 지

[그림 22] 고흥에서 군산도(선유도) 구간의 항로

났다. 이 구간을 넘어서면 곧바로 고의도와 관장각 사이 830미터의 좁은 수로, 즉 관장항에 들어서게 된다. 안흥량이라고 불렸던 이 일대는 바위와 초맥이 뻗어 있는 최대의 난항처難航處이다. 《신증동국여지승람》에 따르면 안흥량의 본래 이름은 지나기 어렵다는 의미의 난행량이었는데, 뱃사람들이 그 이름을 미워하여 반대 의미를 가진 안흥으로 이름을 바꾸었다고 한다.

안흥량을 지난 선박들은 다시 태안군 소원면 소근리의 소근진을 오른쪽으로 끼고 방이도를 거쳐 북으로 올라갔다. 그리고 다시 난지도·평신진과 풍도 사이를 거쳐 영흥도와 자월도 사이를 지나 팔미도에 이르게 된다. 팔미도 오른쪽 해안으로 올라온 선박들은 월미도 왼쪽 해안과 작약도 사이를 거쳐 영종도 왼쪽 해안을 따라 강화도에 이른 후 다시 황산도와 초지진, 덕진진, 손돌목을 거쳐 조강으로 들어섰다.

조강을 넘어선 후의 뱃길은 두 개로 나뉘었던 것으로 보인다. 대부분의 선박은 강화도 북쪽 승천포를 지나 고려 시대에 서강이라고 불렸던 예성강으로 들어갔지만, 일부는 당시 동강이라고 불렸던 임진강으로 들어갔다. 《고려사》에는 1386년(우왕 12)에 광흥창사廣興倉使 나영렬羅英烈이라는 사람이 동강에서 녹미祿米를 수납했다는 구절이 있다. 당시 동강에는 광흥창의 출장소가 있어 남한강에서 출발하여 한강 줄기를 타고 내려온 조운선이나 남쪽에서 임진강을 거슬러 올라온 조운선의 조세를 수납하고 있었던 것으로 보인다.

조선 후기에 이르면 조선술과 항해술이 더욱 발전하여 먼바다를 거치는 예도 있었으므로 일부 구간은 변화했을 가능성이 있지만, 그 변화는 크지 않았던 것으로 보인다. 《여지도서》에 따르면 경상도 마산포에서 3월에 출발한 조운선이 전라도와 충청도 해안을 거쳐 북상하면 6월이 되어야 한양의 군자창에 도착했다고 한다. 군자창은 용산에 있었으므로 마산포에서 용산까지 3개월 정도 걸린 셈이다. 고려 시대의 경우도 크게 다르지 않았을 것이다.

전라도의 경우에는 순풍을 만나면 순천에서 광흥창까지 24일, 강진에서는 20일, 진도에서는 15일이 소요되었다. 그러나 그것은 말 그대로 순풍을 만났을 때이고, 보통은 그보다 훨씬 더 오랜 기간이 걸렸다. 《조행일록》에 따르면 조희백이 이끈 전라도 함열 성당창의 조운선은 1875년 3월 15일에 출발하여 4월 18일에야 한강의 광흥창에 도착했다. 6일밖에 걸리지 않는다고 기록된 《여지도서》와 비교하면 5배나 더 소요된 셈이다. 이처럼 날씨와 풍향에 따라 두 배가 훨씬 넘는 기간이 소요될 수도 있었다.

[그림 23] 군산에서 영종도 구간의 항로

[그림 24] 고려 시대 13조창과 조운로

||| 2 |||
섬이 될 뻔했던 태안반도

미션 임파서블, 운하를 뚫어라

보통 운하라는 말을 들으면 이집트의 수에즈 운하나 중국 또는 이탈리아의 내륙 운하를 떠올린다. 중국의 대운하에 비할 만큼은 아니지만 고려·조선 시대에도 운하를 시공하려 했던 적이 있었다. 당시에는 배가 통하도록 물길을 만든다는 의미에서 운하 시공 사업을 굴포掘浦 또는 하거河渠 공사라고 했다. 굴포는 포구를 만들기 위해 흙을 파낸다는 의미이고, 하거는 인공으로 하천을 만든다는 의미이다.

고려 시대에는 서산과 태안의 경계, 부평에서 김포까지 굴포를 시도했고, 조선 시대에는 서산과 태안의 경계, 태안의 의항, 안면도 등지에서 굴포를 시도했다. 1413년(태종 13)에는 하륜이 용산—

남대문 구간의 운하 건설을 건의했으나 받아들여지지 않았다. 1534년(중종 29)에는 김안로의 주도로 부평-김포 간의 운하 건설이 시도되기도 했다. 그중 가장 대표적인 운하 공사는 서산과 태안의 경계, 즉 천수만의 북쪽과 가로림만의 남쪽을 연결하는 것이었다.

안흥량의 험로를 피해 천수만과 가로림만을 수로로 연결하려는 시도는 고려 시대부터 조선 시대까지 무려 5차례나 진행되었다. 논의에만 이르고 착수하지 못한 것까지 포함하면 7~8회에 이른다. 그 첫 시도는 고려 인종 12년(1134년) 7월에 있었다. "안흥정安興亭 아래 바닷길은 물살이 몰려 급류를 이루고 또 암초가 험하여 종종 배가 뒤집혔으므로 인종이 내시 정습명鄭襲明을 보내 소대현의 지경에 하도를 개착하도록 했다"는 《고려사》의 기록이 그것이다.

사실 태안에 운하를 개설해야 한다는 논의는 선대인 숙종과 예종 대에도 제기된 적이 있었다. 그러나 실행을 보지 못하다가 이 해에 인종의 명으로 처음 시도가 된 것이다. 《고려사》, 《고려사절요》에 이와 관련된 자세한 내용이 남아 있지 않아 운하 굴착의 직접적인 계기가 무엇인지는 알기 어렵다. 그러나 2007~2008년에 국립해양문화재연구소에서 출수한 태안선이 운하 개착 3년 전인 1131년경에 침몰했다는 사실, 1130년대에 들어 자연재해가 지속되면서 백성들의 삶이 매우 피폐해져 있었다는 사실 등을 고려하면 애써 징수한 조세를 안전하게 개경까지 운송하려는 여러 가지 방안 중의 하나로 운하 굴착을 시도했을 가능성을 상정해볼 수 있다.

인종의 명을 받은 정습명은 1134년(인종 12)에 인근 고을의 사람들을 수천 명 동원하여 공사를 진행했으나 성공하지 못했다. 당시 개착된 운하 공사에 대해서는 "소대현蘇大縣의 경계로부터 운하를 파 뱃길을 만들자는 건의가 있어 내시 정습명을 파견하여 공사를 주관하게 했다"는 기사와 "당시 깊게 판 것이 10여 리, 남은 구간은 불과 7리 정도밖에 되지 않았다"는 기사가 남아 있다. 이를 통해 볼 때 서산과 태안의 경계지점, 즉 현재의 굴포 운하 터와 유사한 지점에서 공사가 진행되었음을 알 수 있다.

실제로 현재의 굴포 유적 서쪽 지류 지점에는 조선 이전에 쌓은 것으로 추정되는 오래된 석축이 남아 있다. 그것이 당시에 정습명이 개착한 구간이 아닐까 생각된다. 실패 원인은 명확히 기록되어 있지 않다. 그러나 이후의 기록과 굴착 지점의 지질구조 등을 분석하면 지하에 분포한 암맥 때문에 실패한 것으로 보인다.

두 번째 시도는 1154년(의종 8)에 있었다. 의종 시기의 운하 굴착에 대해서는 특별한 기록이 남아 있지 않아 자세한 내막을 알기 어렵지만, 이 무렵에는 조운선 파선 기록보다 송상들이 수차례 고려에 왔다는 기록이 자주 눈에 띈다. 의종 시기의 굴포 개착은 이러한 당시의 상황과 관련이 있지 않을까 생각된다. 실제로 태안 마도 해역에서는 중국 도자기로 추정되는 것들이 여러 차례 출수된 바 있다.

세 번째 시도는 1391년(공양왕 3) 삼도도체찰사 왕강의 건의를 계기로 시행되었다. 이 시기는 고려가 왜구 때문에 중단된 조운 제도를 복구하던 시기였다. 잘 알려진 것처럼 고려 후기에는 왜구의 침입으로 조운제도가 위기를 맞았다. 왜구 집단의 규모가 점차 커지고 침입 횟수가 더 빈번해지자 공민왕 대에는 바닷가의 조창을 내륙으로 옮기게 했고, 우왕 대에는 아예 조운을 금지하기에 이르렀다. 조운의 중단은 왜구의 침입으로부터 조운선과 세곡을 지키기 위한 불가피한 선택이었으나 삼남의 조세와 공물에 의존하고 있었던 고려 정부는 상당한 물질적 피해를 보았다.

이러한 상황이 반전된 것은 위화도 회군 이후였다. 1388년 위화도 회군으로 집권한 이성계 일파는 자신들의 경제 기반 확립을 위하여 조운을 재개했다. 그러나 지속되는 왜구의 침입과 조운선의 침몰 등은 새로운 집권세력에게 상당한 부담이 되었다. 이에 각 군현에서는 바닷가 지역에 조전성漕轉城을 쌓고, 수군을 배치하여 만약의 사태에 대비하는 한편, 조운로와 조운선을 정비하기 위해 노력했다. 1391년(공양왕 3)의 운하 개착은 이러한 상황에서 시행된 것이었다. 당시의 공사에 대해서는 《고려사》에 다음과 같이 기록되어 있다.

왕강王康이 왕에게 건의하기를 "양광도의 태안, 서주瑞州(서산)의 지경에 있는 탄포炭浦는 남쪽을 따라 흘러서 흥인교興仁橋까지 180여 리요, 창포倉浦는 북으로부터 흘러서 순제성蓴提

城 아래까지 70리인데 두 포구 사이에는 옛날에 개울을 팠던 곳이 있는데 그 깊게 판 부분은 10여 리이고 아직 파지 않은 것은 7리에 불과하므로 만일 이를 다 파서 바닷물을 유통하게 만든다면 매년 해상 운수할 때에 안흥량 400여 리의 험한 곳을 건너지 않게 될 것이니 7월에 공사를 시작하고 8월에 마치게 하기 바랍니다"라고 했다. 이리하여 왕은 장정들을 동원하여 이것을 파게 했다. 그러나 돌이 물 밑에 있고 또 조수가 갔다 왔다 하므로 파면 파는 족족 메워져서 시공하기가 쉽지 않아 일은 마침내 성취되지 못했다(《고려사》〈열전〉 왕강).

이에 따르면 왕강은 이전의 공사 구간, 즉 인종과 의종 때의 공사 구간을 포함하여 약 7~8킬로미터 길이의 운하를 개설하려 했던 것으로 보인다. 공사의 남쪽 시점이었던 탄포는 고남면 누동리의 탄포이며, 북쪽의 창포는 서산시 팔봉면 어송리의 창개를 의미한다. 따라서 당시 왕강은 남쪽의 흥인천으로부터 북쪽 서산시 팔봉면 진장리와 태안군 태안읍 인평리 사이까지 운하를 개착하려 했던 것으로 보인다.

운하 공사를 건의한 왕강은 종실로서 염철鹽鐵·조전漕轉·초토招討·영전營田·선성繕城 등에 공을 많이 세운 인물이었다. 《태조실록》에 따르면 위화도 회군 이후 조운이 재개된 것은 그가 이성계의 명을 받아 조운로 재건에 성공했기 때문이라고 한다. 그러한 공로를 인정받아 왕강은 조선 건국 이후 회군 공신에 준하는 상훈을 받았다. 그러나 운하를 파서 안흥량의 험한 물길을 피하려 했던 그의 야심 찬 시도는 물 밑 암석과 조수 때문에 성공을 거두지 못했다.

암반 때문에 실패한 운하 공사

한국지질자원연구원이 제작한 지질도에 따르면 운하 굴착이 시도된 태안과 서산의 경계지점은 모래와 토사, 자갈 등으로 형성된 충적층과 석질이 단단한 흑운모 화강암으로 이루어져 있다. 충적층은 굴착이 쉽지만, 흑운모 화강암지대는 그렇지 않다. 여러 차례에 걸쳐 시도된 운하 공사가 성공을 거두지 못한 것은 운하 굴착 구간의 기반암이 흑운모 화강암이었다는 데에 원인이 있다. 특히 미처 뚫지 못한 약 1.3킬로미터 구간은 흑운모 화강암이 석맥의 형태로 바다 전체에 깔렸다. 당시 사람들이 바위를 제거하는 방안은 불을 지펴서 돌을 익힌 다음 정으로 파괴하는 방식이었다. 따라서 1.3킬로미터나 되는 구간을 그런 방법으로 깨뜨려가며 운하를 뚫기란 쉽지 않았을 것이다. 조선 태종 대에 하륜이 각기 수위가 다른 5개의 저수지를 축조하여 릴레이식으로 운송하는 방안을 제안한 것도 그와 관련이 있다고 생각된다.

한편, 흑운모 화강암지대를 제외한 나머지 구간이 충적층(갯벌)이었던 것도 공사 실패의 원인 중 하나였다. 굴포 주변의 주민들에게서 들은 이야기 중에는 "낮에 갯골을 파놓기만 하면 밤새 도깨비들이 나타나서 다시 메워버렸다"라는 내용도 있다.

이야기의 사실 여부는 파악하기 어렵지만 이에 대해서는 대략 두 가지 정도의 해석이 가능하다. 하나는 조수로 인해 뚫은 구간에 개흙이 밀려들어 오고, 밀물이 거세게 들어오면서 뚫은 구간의 양쪽 가장자리를 무너뜨려 자연적으로 메워졌을 가능성이다. 갯벌의 토사가 축적되어 형성된 토양은 대개 그 강도가 약하므로 밀물이 들어오면서 양쪽 가장자리에 부딪히면 힘없이 무너져버렸을 것이다. 《현종실록》에도 운하를 파기만 하면 조수가 오가면서 저절로 흙이 채워졌다는 기록이 있는 것을 보면 전혀 불가능한 일은 아니다.

다른 하나는 주민들이 의도적으로 운하 건설을 방해했을 가능성이다. 당시의 관행에 따르면 운하가 개설되어 조운선이 마을 가운데를 지나게 되면 관리 접대와 선박 길잡이, 조운선이 침몰할 경우의 구조 등 여러 가지 부담을 져야 했다. 그런 잡역에 동원될 것을 우려한 주민들이 의도적으로 공사한 구간을 다시 메웠을 가능성도 있다는 것이다. 그런 상황을 짐작케 하는 기사도 있다. 《현종개수실록》에 따르면 굴포 공사가 번번이 실패로 끝나자 송시열의 건의로 굴포 구간의 남쪽과 북쪽에 안민창을 설치했다고 한다. 창이 완성되자 서산과 태안의 백성들을 동원하여 두 창 사이의 곡식을 나르게 했는데, 그것이 얼마나 힘들었던지 백성들이 차라리 감옥에 갇히길 원하여 서산과 태안의 감옥이 가득 찼었다

바다에서 발굴한 고려사 ──●

고 한다. 곤장을 맞고 감옥에 갇히는 것이 공사에 끌려가 고생하는 것보다 낫다고 생각할 만큼 노역이 힘들었던 모양이다.

굴포 공사와 관련된 또 하나의 흥미로운 이야기는 운하 공사 터 인근에 자리 잡은 '신털이봉'에 대한 유래이다. 신털이봉은 굴포 옆에 자리 잡은 표고 40미터밖에 되지 않는 작은 야산이다. 마을 사람들의 전언에 따르면 그것은 공사에 참여한 장정들의 신발에 묻었던 흙이 쌓여서 만들어진 것이라 한다. 공사에 참여한 장정들은 고되게 일하고 잠깐 쉴 때면 신발에 묻은 흙을 털었는데 그 흙들이 쌓여서 산이 되었다는 것이다. 그대로 믿기는 어려운 면이 있지만, 당시의 공사가 주민들에게 얼마나 큰 어려움을 주었는지 잘 보여주는 이야기라고 생각된다.

이외에도 이 지역에는 판갯논(운하를 판 구간에 만들어진 논), 판갯골(갯벌을 파낸 골짜기), 굴포 등과 같은 인공 운하 건설과 관련된 다양한 지명들이 남아 있다. 그 형성 시기가 고려 시대인지, 조선 시대인지는 명확하지 않지만, 운하 공사가 고려 중기부터 시도되었음을 생각하면 고려 시대부터 그렇게 불렸을 가능성은 충분하다.

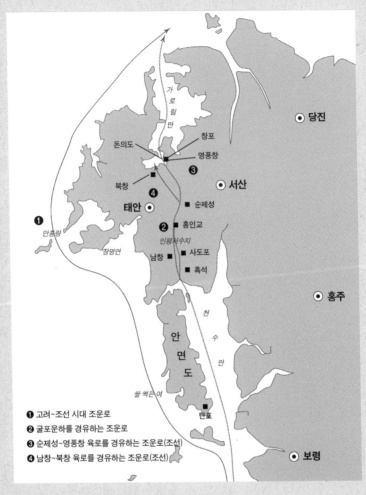

[그림 25] 최대의 난항처 관장항 수로

[그림 26] 굴포운하 유적
태안의 북동쪽 가로림만 안쪽에 남아 있는 운하의 흔적이다.
지금도 이 부근에는 판개(갯벌을 파냈다는 의미), 판갯논(갯벌을 파서 운하를
만들려 했던 곳에 생긴 논이라는 의미) 등의 지명이 남아 있다.
* 제공: 태안문화원 정지수.

||| 3 |||

모든 배는 벽란도로
: 벽란도에 대한 진실과 오해

고려 시대에는 연안 항로를 이용한 물자 운송도 많았지만 국제 무역도 활발했다. 고려와 교역한 나라로는 송, 거란, 여진, 일본, 탐라, 우산국, 그리고 대식국이라 불렸던 아라비아 등이 있다. 송상에 관한 책을 두 권이나 편찬한 고려대학교 이진한 교수의 연구에 따르면 송나라의 선박은 거의 매년 고려를 왕래했고, 늘 수백 명의 송상들이 예성항과 개경에 머물며 무역을 했다고 한다. 또한 송상을 통해 불교와 예술 같은 문물이 시차 없이 전파되었으며, 그것은 예성항과 지방을 오가는 선박들을 따라 각지로 확산되었다고 한다. 고려와 송은 서해를 사이에 두고 멀리 떨어져 있었지만, 당시 양국 상인들은 바다를 큰 장애로 여기지 않았다는 것이다. 당시 사람들에게 배를 타는 일은 현대인들이 비행기 타는 것과 크게 다르지 않았던 모양이다.

바다에서 발굴한 고려사 ─●

고려에서 송으로 가는 세 개의 항로

그렇다면 두 나라 사람들은 어떤 항로를 이용하여 왕래했을까. 고려에서 송으로 가는 방법은 세 가지가 있었다. 첫 번째는 예성 강 하구에서 해안을 거슬러 올라 압록강 하구에 닿고, 요동반도 동쪽 해안을 따라 내려와 여순구에서 배를 타고 바다를 건너 등 주의 봉래에 닿는 북방 항로이다. 《신당서》 지리지에도 기록된 이 항로는 이동거리가 가장 길지만 육지와 섬들을 보며 항해할 수 있다는 장점이 있다. 압록강에서 여순구까지는 장산열도를 따 라 내려오고, 여순에서 봉래까지는 묘도열도를 항표로 삼아 바다 를 건널 수 있기 때문이다.

따라서 이 항로는 거란과 여진이 강성하지 않았을 때까지만 해 도 가장 안전한 길로 인식되었던 것 같다. 고려 말 정몽주가 여순 구까지 육로로 간 후 바다를 건너 봉래수성에 닿은 것이나 1621년 이후 조선의 사신들이 후금을 피해 평안도 선사포에서 출발하여 산둥에 닿은 것도 북방 항로의 변형된 형태이다.

두 번째는 예성강의 하구에서 출발하여 북쪽으로 해안선을 따 라 올라가 옹진에서 바다를 건너 산둥에 도착하는 황해 횡단 항로 이다. 《송사》〈고려전〉에 따르면 993년에 진정陳靖을 고려 사신으 로 파견했는데, 그들은 등주의 동모에서 팔각해구八角海口로 가다 가 고려의 사신 백사유白思柔가 탄 해선 및 고려의 뱃사공을 만났 다고 한다. 진정은 곧바로 그 배로 옮겨 타고 순풍을 만나 큰 바다로 나간 후 이틀 만에 옹진구에 도착했다.

서해 횡단 항로는 한반도에서 중국에 이르는 최단 항로이다. 처음에는 고려와 송의 직항로로 널리 이용되었지만 역시 거란이 강성해진 후에는 이용하기 어렵게 되었다. 전혀 육지를 보지 못하는 상태로 바다를 횡단해야 했으므로 자칫 거란에게 잡힐 우려가 있었기 때문이다.

세 번째는 벽란도에서 출발하여 서해안을 따라 내려가 흑산도에서 바다를 건너 명주(경원)에 도착한 후 육로 또는 운하를 이용하여 변경에 닿는 황해 남부 사단 항로였다. 이 길은 오랫동안 육지를 보지 못하고 항해해야 하는 위험한 항로였으나 나침반을 활용하게 되면서 활발히 이용되었다. 특히 고려에 오는 송 사신과 송상, 그리고 고려에서 송에 가는 사신들은 대개 이 항로를 이용했다. 《송사》〈고려전〉에 따르면 명주 정해현으로부터 순풍을 만나면 3일 만에 큰 바다에 들어가고, 5일이면 흑산에 이르러 고려의 국경에 들어가게 되며, 흑산에서 여러 도서를 거쳐 7일이면 예성강에 이르고, 급수문을 지나 3일이면 연안에 도착한다고 되어 있다.

실제로 《고려도경》의 저자 서긍이 고려에 올 때도 명주 정해현에서 출발하여 예성강의 벽란정에 도착할 때까지 16일 정도 소요되었다. 서긍 일행은 순풍이 불면 밤에도 운항을 했는데, 별이 있을 때는 별을 보고, 그마저도 없을 때는 지남부침指南浮針이라는 나침반을 이용했다.

황해 남부 사단 항로를 고려 사신들이 어떻게 이용했는가는 주욱朱彧의 《평주가담萍州可談》에서 확인된다. 고려 사절이 송에 오는 방법은 두 가지가 있었는데 하나는 명주에 도착한 다음 양절 지방을 거쳐 변하를 거슬러 오르는 남로이고, 다른 하나는 밀주에 도착한 후 육로로 변경에 이르는 동로였다. 그런데 고려 사절들은 짐이 많아 배를 타고 왔으므로 늘 남로만을 이용했다고 한다.

송나라 사신 접대를 위해
섬에 세워진 건물들

고려와 송을 오가는 사신과 상인들이 늘어나면서 양국에는 사신과 상인들의 숙소가 건립되었다. 흑산도의 관사, 군산도의 군산정, 마도의 안흥정, 자연도의 경원정, 예성강의 벽란정, 개경의 순천관 등이 대표적이다. 송의 사신이 고려에 도착하면 흑산도로부터 개경에 도착할 때까지 높은 산 위에서 불과 연기를 피워 알렸다. 또한 접반사라는 관리를 파견하여 환영의식을 하고, 신주[*]가 지나는 길목에 있는 군현에서는 식수와 음식을 비롯하여 각종 편의를 제공하게 했다. 《고려도경》에는 송의 사절을 태운 신주가 군

---

[*] 송에서 고려에 사신을 파견하기 위해 제작한 대형 선박이다. 《고려도경》에 따르면 송 신종이 고려에 거함 두 척을 만들어 보냈는데 그 규모가 크고 웅장했다고 한다. 서긍이 고려에 올 때도 신주 2척과 객주 6척이 함께 왔다.

산도에 도착하자 무장한 병사를 실은 배가 징을 울리며 호위했으며, 통역관과 동접반 김부식이 와서 맞이했다는 구절이 있다. 사신 일행은 고려 관리와 군인들의 호위를 받으며 군산정으로 가서 환영의식을 거행한 후에 신주로 돌아왔다.

그 후에도 송의 사절단은 안흥정, 경원정 등에서도 기치를 든 병사들의 환영을 받았으며, 지방관들로부터 조개, 채소 등의 식재료를 받았다. 《고려도경》에 따르면 신주가 섬 인근에 정박하면 고려 사람들이 3일 동안 음식을 제공했다고 한다. 음식은 국수와 각종 진귀한 해산물들로 구성되었는데, 금은 그릇이나 청자에 담겨 있었다고 한다. 앞서 1078년(문종 32)에 송이 사신을 보냈을 때도 문종이 사신의 배에 물건을 다 싣지 못할 만큼 많은 선물을 내려서 송 사신이 은으로 바꾸어 갔다고 하는 기록이 있다.

그것은 송 역시 마찬가지였다. 《송사》에 따르면 1015년(북송 진종 18)에 등주 해구海口에 객관客館을 세워 사신을 맞이했다. 그러나 60여 년 후인 1078년(북송 신종 11)에는 그보다 남쪽 저장성 진해에 고려 사신을 맞이하는 낙빈관樂賓館과 항제정航濟亭이라는 영빈관을 지었다. 1074년에 고려가 김양감을 사신으로 보내 거란을 멀리하고 싶으니 남쪽의 명주를 거쳐 송에 오도록 허락해달라는 부탁을 했기 때문이다. 벽란도에서 명주까지의 길이 열리자 송으로 가는 고려 사신과 상인의 수가 더욱 많아졌다. 이에 송은 1079년에 고려교역법高麗交易法을 제정했다. 이 법에 따르면 송상이 고려에 들어가려면 재물이 5,000면緡에 이르러야 하며, 해마다 보증인을 세우고 허가증을 받아야 했다.

국교 재개 후 고려 사신에 대한 송의 예우는 매우 극진했다. 1084년에는 고려 사신을 맞이하기 위해 밀주密州 판교진板校鎭에 고려정을 건립했으며, 1117년에는 또다시 명주(영파)에 고려사高麗司라는 관청과 영빈관을 설치했다. 또한 고려 사신을 국신사로 승격시켜 서하의 사신보다 위에 두었고, 요의 사신과 대등하게 대우했다. 심지어 고려사의 운영을 위해 1,000척의 배를 만들고, 명주 광덕호를 밭으로 개간하여 그 조세를 운영비로 삼게 했다.

고려 사신 우대를 비판한 소동파

1085년 등주 자사로 부임하던 소식蘇軾은 하이저우에 화려하게 지어진 고려정을 보며 "오랑캐에게 모든 것을 내주어 백성들은 노비가 되었다"고 한탄했다. 소식이 이처럼 고려정을 못마땅하게 본 데에는 나름의 이유가 있었다.

당시 송은 3용三冗의 폐라고 하는 구조적인 문제로 만성 적자에 시달리고 있었다. 이를 타개하기 위해 신종이 왕안석을 부재상으로 삼아 1069년부터 1076년까지 신법을 추진했으나 사마광, 소식 등 구법당의 반대에 부딪혀 중단되었다. 국가 재정 확보와 민생 안정에 목표를 두었던 신법은 결국 구법당과 신법당의 당쟁만 심화시키는 결과를 낳았다. 그런 가운데 흉년이 지속되면서 농민들은 기아에 허덕이고 있었다. 초근목피로 연명하거나 그마저도 안 되어 굶어죽는 사람들도 있었다. 그러나 송 정부는 빈민 구제보다 고려 사신 접대에 더 정성을 기울였다. 고려 사신이 지나는 길을 닦고, 그들이 묵어갈 새 정자를 지었으며, 원하는 물품을 내려주기도 했다.

이처럼 송이 고려를 두텁게 대우한 배경에는 신법당이 추구한 '연려제요聯麗制遼' 정책이 있었다. 고려와 송이 연합하여 해마다 막대한 세폐를 받아가는 거란을 견제하자는 것이다. 고려 또한 송으로부터 들어오는 문물들이 반드시 필요했으므로 겉으로는 거란을 상국으로 섬겼지만 송과의 교류를 은밀히 이어가고 있었다. 신법당의 정책이 눈엣가시 같았던 소식의 눈에 그러한 고려의 이중 외교가 곱게 비칠 리 없었다. 소식은 줄곧 고려 사신 접대 비용이 너무 많다는 것을 문제 삼았다. 심지어는 고려 사신 접대 비용으로 기아에 허덕이는 백성을 구한다면 최소한 몇 만 명은 살릴 수 있을 것이라는 주장을 펴기도 했다.

구법당의 반대에도 불구하고 고려의 요구는 지속되었다. 1092년(선종 9)에는 황종각을 송에 보내 금박과 함께 여러 가지 책을 구입해갈 수 있도록 허락해달라고 요청했다. 참다못한 소식이 또 반대하고 나섰다. 그는 고려 사신이 송에 오는 것은 다섯 가지 폐단만 있을 뿐 한 가지 이익도 없다는 내용의 상소를 올렸다. 그것이 〈오해론五害論〉이라고 알려진 글이다.

그가 주장한 다섯 가지 폐해는 고려가 바치는 공물은 대개 노리개와 같은 물건들인데 비해 송이 지출하는 경비는 백성들의 고혈이란 점, 고려 사신들이 닿는 곳마다 백성들과 온갖 기물을 동원하고 사신관을 수리하느라 백성들이 고통을 겪는다는 점, 고려가 받아간 하사품을 거란에게 넘겨줄 것이 분명하니 그것은 도적에게 무기를 빌려주는 격이라는 것이다. 또한 소식은 고려 사신들이 송에 와서 송의 허점을 캐고 다니는데 그러한 정보가 모두 거란으로 들어갈 것이며, 거란이 송과 고려의 관계를 알고 있다가 훗날 트집을 잡는다면 빠져나갈 길이 없다고도 했다.

흠종이 즉위한 후 고려의 축하 사신이 명주에 도착하자 호순척胡舜陟 역시 유사한 주장을 폈다. 고려가 그동안 50년이나 송에게 피해를 입혔으며, 사신이 올 때마다 회淮·절浙 지방에서는 이를 괴롭게 여긴다는 것이었다. 그는 또한 고려가 그동안 거란을 섬겼으니 금이 강해지면 금을 섬기며 송을 염탐할 것이라고 주장하기도 했다.

고려에서 명주로 떠난 사람 중에는 송에서 이름을 떨친 학자와 화가도 있었다. 대표적인 인물로 권적權適(1094~1147)과 이령李寧(?~?)을 꼽을 수 있다. 권적은 예종 때 사람으로 13세 때에 이미 사서오경을 깨우친 영재였다. 그가 국서를 가지고 명주에 도착하자 송 황제는 지역의 수재들을 동원하여 짝하게 했으며, 태학에 들어가 공부할 수 있게 했다. 이후 7년 동안 태학에서 공부했는데, 송 황제가 주관한 과거에서 장원을 차지하여 관직에 나갔다고 한다. 이령은 인종 때 사신을 따라 송에 들어가 휘종의 명으로 송의 화가들에게 그림을 가르친 인물이다. 송에 머무는 동안 〈예성강도〉를 그려 바치니 휘종이 감동하여 음식과 비단을 하사했다고 한다. 훗날 송상 중에 인종에게 그림을 바친 사람이 있었는데, 알고 보니 이령이 송에서 그린 그림이었다는 이야기도 전한다.

고려와 송의 교역 기록에 비하면 고려와 일본의 무역에 대한 기록은 많지 않다. 그러나 고려 문종 때 여·송 수교가 성립된 이후 일본 사신과 상인들의 고려 왕래가 늘어난 상황이 포착된다. 이는 일본이 고려를 통해 송의 문물을 수입하려 했기 때문으로 이해된다. 일본 상인들이 가지고 온 물품은 나전螺鈿, 안장鞍橋, 칼과 거울刀鏡, 벼루갑匣硯, 책상, 그림병풍畵屛, 향로, 수은 등이었고, 고려로부터는 은, 인삼, 모시, 불경, 비단 등을 받아갔다. 고종 31년에는 탐라에 파선한 일본 상인들의 배에서 비단과 은, 구슬 등을 사사롭게 취한 관리들이 벌을 받기도 했다. 일본 사신과 상인들은 대개 대마도를 통해 오는 것이 일반적이었으나 1076년(문종 30) 10월에는 영광군을 통해 오기도 했다.

아라비아 상인들 왕래는 과장됐다

고려의 국제 무역을 이야기할 때 거의 빠지지 않고 언급되는 것이 아라비아 상인들의 왕래이다. 교과서는 물론 역사 교양서적에서도 아라비아 상인들이 고려에 빈번히 드나든 것처럼 소개되어 있는데 그것은 사실보다 과장된 것이다. 이진한 교수가 《고려시대 송상 왕래 연구》에서도 지적했던 것처럼 《고려사》와 《고려사절요》에 기록된 아라비아 상인 왕래 기사는 3회밖에 없다. 1024년(현종 5) 열라자 등이 토산물을 바쳤으며, 1025년(현종 6) 9월 26일에는 대식국에서 하선夏詵, 라자羅慈 등 100인이 와서 토산물을 바쳤다. 1040년(정종 6) 11월 15일에는 대식국의 상인 보나합保那盍 등이 와서 수은, 용치龍齒, 점성향占城香, 몰약, 대소목大蘇木 등의 물품을 바쳤다. 정종은 담당 관리에게 명하여 객관에서 이들을 대접하게 하고, 돌아갈 때는 황금과 명주를 넉넉히 하사했다.

아라비아 상인들이 고려에 많이 살았던 시기는 원 간섭기가 아닐까 생각된다. 당시 원은 몽골족, 색목인(무슬림), 한인, 남송인 등으로 종족을 나누어 본속법에 따라 해당 지역을 통치하도록 했다. 또한 대도大都(원나라 수도)로부터 유라시아 지역으로 연결된 역로를 따라 사신과 상인들이 원에 오가는 것을 허락했다. 따라서 이 시기에는 원에 들어와 활동하는 아라비아 사람들이 많았다. 그들 중 일부가 고려에 들어와 살았던 것으로 보인다. 원 간섭기에 무슬림들이 고려에서 살고 있었음을 보여주는 사료는 적지 않게 남아 있다.

여러 회회인回回人들이 왕을 위해 새 궁전에서 잔치를 열었다
(《고려사》 권29, 충렬왕 5년 10월 26일).

민보閔甫를 평양부윤 겸존무사平壤府尹 兼存撫使로 삼았다. 민
보는 회회인回回人이다

《고려사》 권33, 충선왕 2년 10월 25일).

장순룡張舜龍은 원래 회회回回 사람으로, 초명은 삼가三哥(생
게)였다(《고려사》 권123, 열전 폐행嬖幸 장순룡).

이 기사대로라면 고려에서 살고 있었던 아라비아인들이 매우
많았으며, 그들 중 일부는 고려에서 벼슬을 하기도 했던 것 같다.

1389년경에는 유구국 사신이 고려를 왕래하기도 했다. 이때
유구의 중산왕 찰도察度가 옥을 보내 스스로 고려의 신하를 칭했
다. 또한 왜구에게 잡혀간 고려인들을 돌려보내고, 특산물인 유
황 300근, 소목蘇木 600근, 후추 300근 등을 바쳤다. 유구의 방문
은 이후 조선 초까지 이어진다.

그렇다면 이처럼 많은 나라가 드나들던 고려의 국제무역항 벽
란도의 모습은 어땠을까? 이에 대해서는 이규보가 예성강의 모습
을 읊은 시를 참고할 만하다. 시에 따르면 예성강에는 "오가는 배
가 머리와 꼬리를 물고 서로 이어져 있었다"고 한다. 또한 배가
얼마나 빠른지 "아침에 예성항을 떠나면 한낮이 못 되어 남만의
하늘에 닿는다"고도 했다. 남만은 중국 역대 왕조가 양쯔강 이남
의 오월吳越을 얕잡아 일컫던 말이다. 원이 중국을 모두 점령한 후
에는 남송 사람들을 남만이라고 비하하기도 했다. 시적 허구가

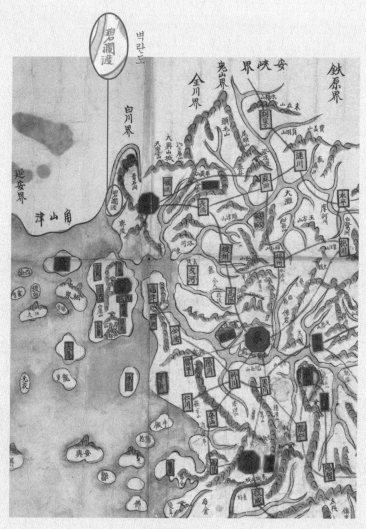

[그림 27] 벽란도

작자 미상, 《팔도지도八道地圖》(18세기),

* 소장처: 서울대학교 규장각한국학연구원.

포함되었다는 점을 고려하더라도 당시 예성항의 풍경을 잘 그려
낸 구절이라고 생각된다.

100척 이상의 선박이 상주했던 벽란도

벽란도는 전시에 동원되는 병선과 상인들의 선박이 모여 있던
곳이기도 했다. 1044년(정종 10) 2월에는 예성강의 병선 180척을
동원하여 군수 물자를 서북 지역으로 운송했고, 1064년(문종 18)
2월에는 예성강의 선박 107척을 이용하여 용문창의 곡식을 인
주 등으로 운송했다. 앞의 기사에 등장하는 선박은 병선이고, 문
종 18년 기사의 선박은 상선이나 사선으로 보인다. 따라서 벽란
도 일대에는 동원할 수 있는 선박이 100척 이상이 정박해 있었
을 것이다.

　1123년 서긍 일행이 벽란도에 도착했을 때 1만여 명이나 되는
고려인들이 무기와 깃발을 들고 늘어서 있었으며, 구경꾼이 담장
처럼 서 있었다고 한다. 이 또한 벽란도의 규모를 가늠할 수 있는
대표적인 구절이라 생각한다. 벽란도는 수시로 송나라 상인들이
드나들고, 1만여 명이나 되는 사람들이 한자리에 모일 수 있었던
대규모의 국제무역항이었던 것이다.

　조선 시대 시인들의 시에 등장하는 벽란도는 명 건국 이후 해
금으로 쇠락한 나루의 모습이다. 고려 멸망 후에는 망국의 회한

이 겹쳐 더욱 쓸쓸해졌을 것이다. 따라서 조선 시대 기록을 토대로 벽란도의 모습을 상상하는 것은 현재의 부여에서 금동대향로가 만들어진 시기의 백제 모습을 그리는 것과 다르지 않다.

그 많던 배들은 어디로 갔을까

대항해 시대에 왜 유럽은 조선에 관심을 두지 않았을까? 지난 10여 년 동안 해양사를 연구하면서 늘 머릿속을 떠나지 않았던 질문이다. 16~17세기에 유럽인들이 그린 지도에 COREA가 있는 것을 보면 그들이 조선의 존재를 알지 못했던 것은 아닌 것 같다. 청에도 오고, 일본에도 왔던 포르투갈과 영국, 네덜란드 상선들이 유독 조선에 대해서는 큰 관심을 보이지 않은 것은 분명 이상한 일이다. 통일신라 시대에는 경주에서 가까운 울산항이 국제무역항으로 번성하고, 고려에 왔던 아라비아 상인들을 통해 코리아라는 이름이 유럽에 알려져 있었다고 하지 않았던가.

어떤 사람들은 당시 조선이 명, 청의 예하에 있었기 때문에 조선과 직접 접촉하는 것이 쉽지 않았을 것이라고 이야기하기도 한다. 그러나 아편전쟁 이후 청의 세력이 약화되었을 때에도 영국이나 프랑스가 조선에 큰 관심을 두지 않은 것을 보면 꼭 그런 이유 때문은 아닌 것 같다.

생각해보면 한국이 바다를 향해 열려 있던 시기는 중국이 세계로 열려 있는 시기이기도 했다. 당의 수도 장안이 세계의 수도였을 때 이슬람 상인들은 당을 거쳐 신라에 왔다. 당시 이슬람 상인들 사이에서 신라는 황금의 나라이자 기후가 좋은 이상향이었다. 아랍의 지리학자 알 이드리시는 그의 책《극지 횡단 모험가의 산책》에서 "신라에 간 무슬림들은 누구나 그곳을 떠나려 하지 않는다"고 썼다. 아라비아 지역에 전하는 서사시 〈쿠쉬나메〉 속의 페르시아 왕자도 당을 거쳐 신라에 왔다가 신라 공주와 사랑에 빠졌다.

당 멸망 이후에 건국된 송은 당만큼 개방적이지 않았다. 그러나 당대의 시박사가 송대에도 여전히 기능을 유지했다. 송상들은 담보를 제공하고 무역허가권을 얻었으며, 상세를 지불하고 무역에 종사했다. 11세기 전반에 아라비아 상인들이 벽란도에 올 때도 송상을 따라서 왔을 것이다.

그러나 거란이 강성해지고, 고려와 송의 공식적인 외교관계가 단절되면서 사정이 달라졌다. 이슬람 상인들은 공식적으로 송 사신을 따라 고려에 오는 것이 어려워졌던 것이다. 하지만 고려에 물건을 팔거나 고려 물건을 사가는 데에는 큰 문제가 없었다. 송상의 고려 왕래가 활발했으므로 그들을 매개로 교역할 수 있었기 때문이다. 위험하게 바다를 건너지 않아도 송상을 통하면 고려의 물건을 쉽게 살 수 있었으니 모험을 할 필요도 없었을 것이다.

송상 외에도 벽란도에는 유구, 일본, 탐라 등 여러 나라 상인들이 드나들었다. 육로로는 거란과 여진의 물품들도 수시로 들어왔다. 이 시기 고려가 생각한 세계는 다원적인 구조였다. 송, 요, 금을 중심으로 하는 세계에 고려가 편입되어 있었지만 고려 또한 자국을 중심으로 하는 세상이 있다고 믿었다. 지구가 태양계에 속해 있으면서도 달을 위성으로 가진 것과 같았다. 고려 중심의 세계에는 여진, 일본, 철리鐵利,* 탐라 등이 포함되어 있었다.

그러한 세계관이 동요된 것은 몽골의 간섭을 받으면서부터였다. 몽골이 동아시아에서 유럽까지를 하나의 세계로 묶으면서 통합 문명권이 형성되었다. 몽골제국 중심의 세계에서 고려를 중심으로 하는 독자적인 세계는 점차 약화되었다. 이승휴의 《제왕운기》에 등장하는 '중국인들이 고려를 일컬어 소중화라고 하네'라는 말은 그러한 상황을 잘 보여준다.

몽골제국 체제에선 해로보다 육로 발달

몽골이 중국을 차지하고 난 후에는 해로보다 육로가 더 발달했

---

* 중국 당나라 때 만주에서 활약하던 퉁구스계 부족. 8세기 전반에 나타나 약 400년 동안 활동했다.

다. 유럽 상인들은 배를 타고 원에 오는 경우도 있었지만, 역참을 이용하여 대도까지 오는 일이 많았다. 그러나 여전히 영파, 상해, 감포 등지에서는 시박사가 운영되었다. 7개의 시박사를 통해 인도의 상선이 들어오고, 원의 상선들이 호르무즈로 갔다. 동남아시아의 물산들도 끊임없이 들어왔다. 늘 그렇듯 위험이 있는 곳에는 이익이 있다. 선박으로 물자를 운송하는 일은 위험한 일이었지만 일단 성공하면 누리지 못할 만큼의 부를 가져다주었다. 양쯔강 하구 숭명도崇明島 출신의 주청朱淸과 장선張瑄, 감포의 양씨 등은 원대에 대외무역으로 거부가 된 대표적인 인물들이다.

이상한 것은 이때에도 고려로 오는 아라비아 상인들의 배가 보이지 않는다는 것이다. 앞에서도 이야기했던 것처럼 원 간섭기에는 적지 않은 아라비아 사람들이 고려에 와서 살았다. 고려가요 〈쌍화점〉에 회회아비로 묘사된 이슬람 상인이 등장하고, 충혜왕이 회회인을 상대로 베(옷감)를 빌려주고 이자를 받았다는 기록도 있다. 그러나 그들이 배를 타고 벽란도에 왔다고 추정할 만한 근거는 없다. 아마도 그들은 대도에서 육로로 고려에 온 것 같다. 그것은 원에 다녀간 마르코 폴로가 올 때는 육로로 왔다가 갈 때는 대도에서 천주泉洲까지 내려간 후에야 배를 탄 것을 통해서도 확인된다.

서아시아, 동남아시아 상인들이 고려에 오지 않아도 고려 왕실은 여전히 그들의 물산을 어렵지 않게 살 수 있었다. 원 간섭기 고려의 왕들은 왕위에 오르기 전에 원의 수도에서 머물렀으므로 세계 각국에서 유입되는 물건들을 손쉽게 접할 수 있었기 때문이다. 따라서 고려 상인들은 원의 시박사를 직접 이용할 필요는 없었다. 왕이나 사신도 육로를 이용하여 개경과 대도를 오고 갔다. 《박통사》나 《노걸대》에서 확인되는 것처럼 고려 상인들이 배를 타고 원의 수도를 오가는 일도 있었지만 대도까지 올라온 외국 선박들은 거의 없었다. 따라서 13~14세기에 대도까지 배를 타고 온 상인들은 고려 상인들이 거의 유일했다고 할 수 있다. 당시 고려 상인들은 원이 설치한 수역을 따라 서해안에서 대도 입구까지 왕래할 수 있었다. 그렇지만 그 외 지역을 이용한 무역은 오히려 줄어들었다.

그런 점에서 원 간섭기는 고려의 해상 활동이 이전보다 쇠락한 시기라고 할 수 있다. 펑라이에서 고려선이 출토된 점, 신안선이 고려 해안에서 침몰했다는 점, 흉년이 들었을 때 양국이 서로 식량을 조운해준 점 등을 고려하면 양국 선박의 왕래가 있었다는 점은 인정되지만, 그 외의 기록은 찾아보기 어렵다. 이때부터 고려의 선박들은 해외보다는 국내의 연안을 오가는 선박으로 변화했다. 여말선초에 왜구 침입이 극심해지면서 해외무역은 더욱 쇠퇴했으며, 국내의 조운도 위기를 맞았다.

중국의 대외무역은 명 건국 이후 급격히 쇠락했다. 주원장은 건국 초기부터 철저히 해금을 시행했다. 원 말부터 중국을 혼란에 빠뜨린 왜구와 바다를 무대로 성장한 장사성을 견제하기 위한 것이었지만 송, 원 이래 바다를 무대로 펼쳐진 무역은 이때 큰 타격을 입었다. 왜구가 어느 정도 진정된 후 영락제는 정화의 함대를 보내 명의 위세를 과시하려 했다. 정화는 7차례에 걸쳐 대규모 항해를 추진했다. 그 후 동남아시아와 인도의 여러 국가가 명의 조공체제 안에 편입되었다.

그러나 조선은 배를 이용하여 명에 갈 수 없었다. 명의 해금정책이 더욱 강화되어 조선 사신들이 배를 타고 연경에 오는 것을 금지했기 때문이다. 조선과 명 사이에 뱃길이 막히면서 조선의 대외무역은 자연스럽게 쇠퇴했다. 그 후로 조선인들은 중국과 일본 외에 다른 세계가 있다는 생각을 차차 잊었다. 그것은 조선 초에 그려진 〈혼일강리역대국도지도〉와 조선 중기에 그려진 〈천하도〉를 비교하면 좀 더 확실히 알 수 있다. 〈혼일강리역대국도지도〉에 불확실하게나마 묘사되었던 아라비아반도와 아프리카 지역이 〈천하도〉에서는 정체불명의 지역으로 대체된다. 조선 초에는 간혹 유구와 동남아시아에서 사신이 오기도 했으나 그나마도 1609년 일본의 사쓰마번이 유구를 점령하고 난 후부터는 교류가 끊어졌다.

명을 무너뜨리고 중원을 차지한 청이 정성공 세력을 진압하기 위해 또다시 해금을 추진하면서 서방과 중국의 해로가 차단되었다. 청은 정성공 세력을 정벌한 후에도 공행公行을 통해 무역을 허락했을 뿐 적극적인 교역을 시도하지 않았다. 조선, 유구, 베트남, 일본과는 조공이 아니면 무역도 허가하지 않았다. 조공은 횟수가 정해져 있었으므로 명의 물산이 조선으로 들어오는 양은 늘 제한

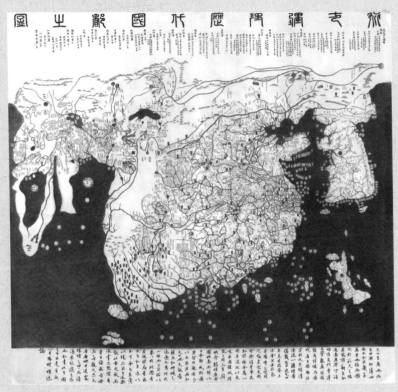

[그림 28] 〈혼일강리역대국도지도混一疆理歷代國都之圖〉
김사형·이무·이회 편저(1402).
현전하는 동양 최고의 세계지도로 조선 부분이 상대적으로 크게 묘사되어 있다.
아라비아반도와 아프리카 지역이 불확실하게나마 묘사되어 있다.
＊ 소장처: 서울대학교 규장각한국학연구원.

[그림 29] 〈천하도天下圖〉

작자 미상, 《조선지도朝鮮地圖》(효종 9년~숙종 38년(1658~1712)).

〈혼일강리역대국도지도〉와 달리

아라비아반도와 아프리카 지역이 정체불명의 지역으로 대체된다.

이는 명의 해금정책 강화 이후 조선의 대외무역이 쇠퇴하면서 조선인들이

중국과 일본 외에 다른 세계가 있다는 사실을 점차 잊게 된 것과 관련이 있다.

* 소장처: 서울대학교 규장각한국학연구원.

적이었다.

　명·청에 사신을 따라갔다 온 역관과 상인들에 의해 비단, 생사 등이 수입되었지만 그것을 사용하는 것은 아주 소수의 사람이었다. 주변의 나라들은 적극적 또는 소극적으로 다른 문명과 접하며 부를 축적했으나 그나마도 조선은 그렇지 못했다.

　1653년(효종 4) 8월에 네덜란드 사람 하멜 일행이 제주도에 표류해온 일이 있었다. 조선 정부는 처음에 그들을 한양에 두었으나 그들이 청의 사신 앞에 뛰어들어 자신들을 돌려보내달라고 요구한 사건이 일어나자 멀리 여수로 보냈다. 혹시라도 청이 조선과 네덜란드가 통교하다고 의심할까 두려워했기 때문이다. 이처럼 당시의 조선은 청이 자국과 다른 나라가 몰래 통교한다는 것을 의심할까봐 걱정할 정도로 대외교류에 제한을 받고 있었다.

　청에서 생산되는 도자기와 비단은 유럽에서 선풍적인 인기를 끌었다. 유럽의 선박 12척이 동방으로 와서 1척만 무사히 돌아가도 이익이 남는다고 할 만큼 동방 물산에 대한 인기는 대단했다. 유럽의 왕실을 비롯하여 귀족들 사이에서는 '시누아즈리(중국풍)'가 유행했다. 교양 있는 왕족들은 다투어 중국의 자기를 사들이고, 중국산 비단으로 몸을 치장했다. 왕실의 문화는 늘 귀족의 문화를 선도했다. 왕실과 귀족들의 수요가 늘어나니 영국, 네덜란드, 포르투갈 등 많은 나라가 청과의 무역 확대를 원했다. 건륭제 말년에는 영국이 매카트니를 사절로 보내 무역의 확대를 요구하기도 했다.

　그중 포르투갈은 중국보다 더 동쪽에 있는 일본과 교역하는 데에도 성공했다. 청나라 자기만은 못했지만, 일본산 도자기는 화려한 면이 있어 유럽 귀족들의 눈길을 끌었다. 일본산 칠기도 매력적인 상품이었다. 한동안 일본과의 무역을 주도하던 포르투갈 상인들은 종교 문제로 막부와 갈등을 빚고 추방되었다. 포르투갈이 물러나고 난 후에는 네덜란드 상인들이 일본에 진출하여 무역을 독점했다. 일본은 네덜란드를 통해 유럽의 문명을 접하고 받아들였다.

그러나 이상하리만큼 포르투갈, 네덜란드 상인들은 조선에 관심을 보이지 않았다. 일부 연구자는 그것이 일본의 방해 때문이라고 설명하지만, 선뜻 동의하기 어렵다. 이익이 있는 곳이라면 어디든 달려가 살육도 마다하지 않던 그들이 일본의 방해 공작 때문에 조선에 오지 않았다는 것은 어불성설이다. 마르코 폴로의 지팡구 이야기에 혼을 빼앗겨 조선의 존재는 잊은 것일까?

국제적 고립을 자초한 '조선 중화주의'

조선이 국제무역에 소외된 것은 조선이 자초한 면도 있다. 명이 청에 멸망한 후 조선인들은 중화질서가 붕괴되었다고 절망했다. 병자호란으로 청에게 굴복하고 난 후였기 때문에 그 절망감은 더욱 컸다. 급기야 조선인의 위정자들은 청을 정벌하여 중화의 전통을 되살려야 한다고 주장하고, 자신들이 중화의 계승자임을 자처했다. 조선 중화주의라고도 불리는 이러한 생각은 조선을 청의 해금과 함께 조선을 국제사회로부터 더욱 고립시키는 촉매가 되었다. 일본과 청에 드나드는 외국인들의 존재를 알고, 청과 국경 문제로 갈등을 빚은 러시아의 존재를 알았지만 조선에게 그들은 중화를 위협하는 오랑캐로 간주되었다.

그나마 중국을 통해 전해 받는 물자와 문명조차도 배격해야 한다고 주장하는 사람들까지 생겨났다. 명이 멸망한 후 명나라 사람들은 여전히 그 땅에 살고 있었는데도 명과 청은 완전히 다른 나라라고 인식했다.

청과 일본에 드나드는 영국, 네덜란드 사람들에게도 조선은 크게 매력적인 나라가 아니었다. 조선의 주력 상품인 면포는 인도에서 얼마든 가져갈 수 있었고, 유럽에서 선풍적 인기를 끌고 있었던 도자기와 차는 청나라에서 가져가는 것이 이익이 컸다. 당시 세계 제2의 은 수출국이었다고 알려진 일본에서 은과 도자기를 가져가니 그들이 조선에서 얻어갈 만한 매력적인 상품은 없었다. 사실 조선산 도자기는 중국 경덕진이나 일본 아리타에서 생산되는 것보다 크게 매력적이지 않았다. 종이나 인삼과 같은 특산물이 있었지만 그것은 유럽에서 도자기나 차만큼 인기 있는 제품은 아니었다.

이러한 상황에 조선의 세계관은 더욱 축소되었다. 청, 일본, 몽골, 남만(유럽)은 모두 오랑캐였다. 이제 중화는 조선 땅으로 한정되었다. 세계가 조선으로 한정되니 조선의 풍광을 그리는 진경산수화와 조선 사람들의 생활 모습을 그리는 풍속화가 유행했다. 이제는 조선의 것이 세계의 것이 되었다. 18세기에 이르러 농업 생산량이 증대하고, 인구가 증가하면서 물류 유통이 늘어났다. 곳곳에 장시가 들어서고, 포구에는 쌀과 각종 어물을 실은 선박들이 모여들었다. 당시의 상황은 1792년 4월, 이덕무가 정조의 명을 받아 지은 〈성시전도〉에 잘 드러나 있다.

> 강가의 창고에는 곡식이 억만 섬인데 十里江廠粟億秭
>
> 안개 자욱한 강가에 끝이 없는 삼남의 선박 煙波極望三南舶
>
> 빽빽하게 들어선 돛단배가 만 척이나 정박해 있다 簇簇帆竿萬艘艤

시를 보고 있노라면 쌀과 온갖 물자들을 싣고 한강을 거슬러 온 돛단배들이 눈앞에 펼쳐져 있는 듯하다. 아마도 시 속의 만 척이나 되었다는 배는 한강과 삼남을 오가며 쌀과 어물을 실어 나른 경경강 상인들의 배였을 것이다. 과장된 면이 있다손 치더라도 왕에게 바치는 시에 사실과 전혀 다른 풍광을 담아내지는 않았을 것이다.

이와 같은 장면은 1800년대 후반에 외국인들이 찍은 마포 일대의 사진에서도 확인된다. 강가에는 배를 기다리는 사람들이 줄을 서 있고, 포구에는 돛대를 세운 배가 삼대(麻)처럼 빽곡히 정박해 있다. 그 무렵까지도 마포는 새우젓과 소금의 유통지로 유명했다. 따라서 그들 중 대다수는 소금 배나 젓갈을 운송하는 선박이었을 것이다. 그렇게 실려 온 젓갈과 소금은 강가에 자리 잡은 객주나 보부상들의 손을 거쳐 한양과 경기 내륙으로 퍼져나갔다. 같은 시기 충청도 은진의 강경포, 경상도 창원의 마산포 등지에는 큰 배와 작은 배가 밤낮으로 몰려들어 담처럼 늘어서 있었다는 기록도 있다.

조선 시대 포구의 모습은 고려 시대 포구의 모습이 계승된 것이라고 본다. 선교사들이 찍은 사진 속 포구의 모습은 고려 시대의 모습과 크게 다르지 않다고 생각한다. 안타깝게도 서긍의《고려도경》에 그림 부분이 전하지 않아 실체를 확인하기 어렵지만, 만약 남아 있다면 벽란도의 모습은 조선 후기 마포의 사진 못지않았을 것이다. 다만 차이가 있다면 벽란도는 외국 상인이 드나드는 국제무역항이었던 반면, 마포에는 수도와 지방을 연결하는 선박들이 드나들었다는 것이다. 만약 조선의 선박들이 청이나 일본, 동남아시아 일대를 오갔다면 배를 만드는 기술이나 항해술은 이전과 비교하지 못할 만큼 발전했을 것이다.

한반도의 옛사람들이 수레보다 배를 선호한 것은 많은 물자를 힘들이지 않고 운송할 수 있는 장점이 있었기 때문이다. 이중환은《택리지》에서 "물자를 옮기는 데 있어 말이 수레보다 못하고, 수레는 배보다 못하다"라고 했다. 사람이 물건을 나르는 것을 1이라고 가정하면 말은 2배, 수레는 10배, 선박은 30배나 많은 물자를 운송할 수 있었다는 연구도 있다. 전근대 시기 우리나라에서 육로 발달이 부진했던 것도 이와 무관하지 않다. 육로는 높은 산과 큰 강들에 막혀 무거운 물자를 운송하는 데에 효율적이지 못했다. 구한말에 우리나라에 들어온 선교사들이 조선의 도로 사정을

[그림 30] 마포나루

《경성번창기京城繁昌記》(博文社, 1915).

1915년 한강변 마포나루의 선착장 풍경이다.

포구에 돛대를 세운 배가 빼곡히 정박해 있다.

＊소장처: 서울역사박물관.

불평하면서도 한편으로는 포구에 돛단배들이 잔뜩 모여 있는 장면을 사진으로 남긴 것도 생각해 보면 당연한 일이다.

그렇다면 19세기 말까지도 포구마다 빼곡히 정박해 있던 그 많은 배는 모두 어디로 갔을까? 왜 현대 한국인들에게 배는 잊힌 교통수단이 되었을까? 삼면이 바다로 둘러싸여 있고, 조선 공업 기술이 세계 1위로 알려진 한국의 국민이 바다와 선박 이용에 대해 이처럼 무관심한 것은 참 아이러니한 것이다.

일제강점기 때 맥이 끊긴 조선의 조선술

이미 잘 알려진 것처럼 우리나라의 근대화는 일본의 강요로 추진되었다. 일본은 강제로 조선의 문호를 개방시키고, 억지 조약을 체결하여 각종 이권을 빼앗아 갔다. 이사벨라 버드 비숍의 비유대로라면 "바벨탑만큼이나 높이 쌓인 쌀가마"가 인천, 부산 등지를 통해 일본으로 실려 갔다. 기존 상인들의 저항이 없었던 것은 아니지만 개항 후 30년이 되지 않아서 국내의 선박들은 일본이 들여온 증기선에 그들의 기능을 빼앗겼다. 게다가 외국 자본으로 가설한 철도가 포구와 포구를 잇게 되면서 선박의 기능은 더욱 약화되었다. 경강 상인들을 비롯하여 포구를 거점으로 활동하던 선상들이 몰락한 것도 그 무렵부터이다.

선상의 몰락과 함께 조선 기술도 맥이 끊어졌다. 지금 박물관이나 유명 관광지에 복원된 황포돛배들은 국적이 없는 것들이 대부분이다. 전통선박이라고 조사된 옛 배들도 1910년대 이래 일본이 개량한 선박들이 많다. 고려에서 조선으로 이어지는 조선술은 책 속에서나 찾아볼 수 있게 되었다.

그렇다고 자동차와 철도 대신 선박을 이용하던 시대로 돌아가자는 것은 아니다. 우리나라처럼 땅이 좁고 남북지형이 긴 나라는 배를 타고 이동하는 것보다는 철도나 자동차를 이용하는 것이 훨씬 효율적이다. 이동거리가 짧으면 선박 운송보다는 육로로 운송하는 것이 훨씬 효과적이라는 것은 경제학자들 사이에서 상식 수준도 되지 않는다.

그러나 이런 것들은 모두 내륙 운송에 관한 이야기들이다. 눈을 바다로 돌려보면 이야기가 달라진다. 통계청의 조사자료에 따르면 2019년을 기준으로 우리나라 연안에서 조업하는 어선은 6만 5,835척이었다. 수출입에 종사하는 운송선까지 합치면 1만 5,000척이 넘고, 매달 1만 2,000척이 넘는 외항선이 우리나라 항구에 드나들고 있다고 한다. 우리가 관심을 보이지 않고 있을 뿐 우리나라 해안에는 역사 속 어느 시대보다 많은 선박이 오가고 있다.

그러한 점에서 고려 시대 해양사를 재조명할 필요가 있다고 본다. 사실 고려 시대 이전의 선박이나 해양 활동에 대해서는 실체를 파악할 수 있는 것이 많지 않다. 선박의 크기나 항로도 사실보다 부풀려진 면도 없지 않다. 그러나 고려 선박은 이미 10여 척이나 출토되었고, 국내외의 기록을 통해서도 규모나 형태를 파악할 수 있는 것들이 많다. 그리고 언제 또다시 서해에 잠들어 있는 고려 시대 선박들이 세상에 모습을 드러낼지 모른다. 한국의 해양사 연구는 문헌 중심으로 이뤄지던 이전의 풍토에서 벗어나 수중 발굴, 선박 복원, 세계 여러 나라들과의 협력 연구 등으로 영역을 확장하고 있다. 국립해양문화재연구소, 국립해양박물관 등 해양사 연구를 전문으로 담당하는 기관들의 활동도 매우 활발하다.

고려 시대의 바다와 배, 항로에 대해 우리가 좀 더 관심을 가질 때 그런 조사들도 가치를 인정받게 될 것이다. 고려 시대의 자료들을 토대로 이론과 실제를 함께하는 해양사 연구 풍토가 자리 잡아 가기를 기대한다.

• 더 읽어볼 만한 책들

국립해양문화재연구소·태안해양유물전시관, 《바다에서 찾은 고려의 보물들》, 2018.

김성준, 《배와 항해의 역사》, 혜안, 2010.

김영제, 《고려상인과 동아시아 무역사》, 푸른역사, 2019.

문경호, 《고려 시대 조운제도 연구》, 혜안, 2014.

박종기, 《새로 쓴 오백 년 고려사》, 휴머니스트, 2020.

윤용혁, 《한국 해양사 연구—백제에서 고려 1천 년 바다 역사》, 주류성, 2015.

이진한, 《고려 시대 송상 왕래 연구》, 경인문화사, 2011.

이진한, 《고려 시대 무역과 바다》, 경인문화사, 2014.

한정훈, 《고려시대 교통운수사 연구》, 혜안, 2013.

• 찾아보기

바다에서 발굴한 고려사 ——●

바다에서 발굴한 고려사 ——●

바다에서 발굴한 고려사 ──●

금요일엔 역사책 2

바다에서 발굴한 고려사

2023년 6월 21일 1판 1쇄 인쇄
2023년 6월 26일 1판 1쇄 발행

지은이   문경호
기획   한국역사연구회
펴낸이   박혜숙
디자인   이보용
펴낸곳   도서출판 푸른역사
            우) 03044 서울시 종로구 자하문로8길 13
            전화: 02)720-8921(편집부) 02)720-8920(영업부)
            팩스: 02)720-9887
            전자우편: 2013history@naver.com
            등록: 1997년 2월 14일 제13-483호

ⓒ 문경호, 2023
ISBN 979-11-5612-254-8 04900
       979-11-5612-252-4 04900(세트)